庫

忌み地 惨

怪談社奇聞録

福澤徹三｜糸柳寿昭

講談社

本書にはプライベートな情報が含まれています。
個人や物件の特定、興味本位の干渉はご遠慮ください。

目次

怪談社奇聞録

忌み地

惨

まえがき

怪談社とは糸柳寿昭《しやなとしあき》と上間月貴《かみまつきたか》の両名を中心に怪談実話を蒐集《しゅうしゅう》し、トークイベントの開催や書籍の刊行をおこなう団体である。

本書は糸柳と上間が取材した体験談を、わたしが怪談実話として書き起こすという構成をとり、シリーズはこれで三巻目となる。

前巻のまえがきでコロナ禍による取材への影響に触れたが、あれから二年経ったいまもコロナ禍は終息の兆《きざ》しを見せず、新たな変異株が流行を繰りかえしている。

加えて今年の二月二十四日、ロシアがウクライナへ侵攻し、双方の軍人はもちろん多くの民間人が犠牲になった。これを書いている時点では烈《はげ》しい戦闘が続いており、戦線の拡大や経済への影響が懸念される。

コロナ禍と戦禍によって世界が不安に包まれた現在、怪談実話など不謹慎だと思われるむきもあるだろう。怪談実話はひとの死や不幸をあつかううえに、非科学的な現象をもっともらしく書くのだから当然といえる。

けれどもいま海のかなたでは、ひとびとの命が奪われ、平穏な生活が蹂躙《じゅうりん》されている。そういう行為に手を染めるのは、畏《おそ》れを知らぬ者たちである。死後の世界も霊魂の存在も信じぬ者たちである。もし彼らに超自然的なものへの畏れがあれば、無辜《むこ》のひとびとを殺すことなどできないはずだ。

わが国においても無差別殺傷事件をはじめ、身勝手な動機でひとの命を奪う事件があとを絶たない。超自然的な現象の有無はともかく、人智を超えた存在を信じる素朴な心がいまの時代には必要ではなかろうか。

長びくコロナ禍によって、怪談社の状況は大きく変わった。

怪談社がもっとも注力していた「語り」を披露するイベントはほとんど開催できず、観客と接する機会も失われた。「語り」の場はユーチューブやその他の動画配信に軸足を移し、上間はそちらに専念するため今回は取材に同行せず、彼が電話やメールで聞き集めた話を本書に収録した。

足を使っての取材は糸柳が担当したが、三密を避ける観点から従来のようにひとを集めて話を聞くのは憚《はばか》られるだけに、飛びこみの取材が中心になった。そのぶん紀行めいた流れになったり単発の話があったり、焦点のあてかたや時系列に一貫性を欠くところもある。また今回はわたしが地元で聞いた話も、わずかながら収録した。

取材には難渋したものの「忌み地」本来のテーマである土地や場所にまつわる怪異は、思った以上に蒐集できた。夏の一夜、息苦しい日常を離れて、この世ならぬ世界にひたっていただければ幸甚《こうじん》である。

押入れの腕

今年の一月下旬、糸柳は北千住《きたせんじゅ》に住んでいるFさんという女性から話を聞いた。

彼女は四十代後半で、生まれ育ったのは東北の田舎《いなか》である。実家は海に近く、漁業で生計をたてる父と専業主婦の母との三人暮らしだった。

Fさんが物心ついたころから両親の仲はぎくしゃくしており、口論が絶えなかった。父が厳格な性格だったのが原因のようだが、母はストレスのせいか、ときどき刃物で手首を切った。

「いまでいう自傷癖があって、よく血だらけになってるのを見ました」

当時は精神的な病に対する理解が乏《とぼ》しく、母はそうした行為におよぶたび父方の親戚たちから責められていた。近所に住んでいる母方の祖父母は娘をなぐさめたが、その表情は暗くなる一方だった。

Fさんが九歳の夜だった。

布団《ふとん》で寝ていた彼女は、父のすさまじい怒声で眼を覚ました。

母がまた手首を切っていて、おびただしい血で布団が真っ赤に染まっている。母の顔は蒼白で意識は朦朧《もうろう》としている。父は母の軀《からだ》を抱きかかえて、

「かあさんを病院に連れていくから留守番してろって――」

両親がでていったあと、Fさんは恐怖と不安で眠れずに布団をかぶって泣いていた。しばらくして布団の上から頭を撫《な》でられた。

「両親が帰ってきたんだと思って、布団から顔をだしたら――」

押入れの襖《ふすま》が開いて、その奥から異様に長い腕がこっちに伸びていた。

思わず悲鳴をあげたとき、玄関の戸が開く音がした。とたんに腕は消えて、母方の祖母があたふたと入ってきた。

祖母は家で寝ていたが、ふと厭《いや》な予感がしたので様子を見にきたという。母が手首を切って父が病院に連れていったことや、押入れからでてきた腕のことを話すと、

「両親はもうすぐ帰ってくるし、悪い夢を見たんだろうって」

祖母が添い寝してくれて、Fさんはようやく眠りについた。

しかし朝になっても両親は帰ってこず、連絡もなかった。その日学校は休みだった

から祖母とふたりで両親の帰りを待っていると、昼すぎに警官が訪ねてきた。祖母は深刻な面持ちで警官としゃべっていて、まもなく祖父も駆けつけた。

なにがあったのかと思ったら、両親が事故に遭《あ》って亡くなったという。

その後、Fさんは祖父母のもとで暮らすようになった。が、両親がどんな事故に遭ったのか訊《き》いても、祖父母は言葉を濁して教えてくれなかった。

両親の死の真相を祖母が口にしたのは、Fさんがはたちのときだった。両親は山のなかの小屋で無理心中したという。

警察の調べによると、父は母を抱きかかえて家をでたあと、その小屋へいき、母の首を縄で吊《つ》ってから自分も縊死《いし》したらしい。

祖母はあの夜、ふと厭な予感がしたから様子を見にきたといったが、

「ほんとうは怖い夢を見たといってました。夢のなかで押入れの襖が開いて、そこから誰かの声が聞こえたから、わたしのことが心配になったって――」

父はなぜ病院にいかず、急に無理心中したのか。

その理由は不明だが、謎《なぞ》はもうひとつあった。父は漁業だったから山に出入りすることはなく、どうして小屋を死に場所に選んだのか。祖母にそれを訊《たず》ねると、

「わからないっていいました。じいちゃんはあの山と小屋の場所は、わたしにぜったい教えるなって口止めしたそうです」

Ｆさんはそれからまもなく上京し、いまは平穏な家庭を築いている。祖父母はすでに亡く、その山と小屋のことはいまだに謎のままだという。

文化住宅

今年の一月中旬、糸柳はツイッター経由で知りあったYさんという男性に話を聞いた。Yさんは四十代後半で大阪に住んでおり、取材はズームでおこなった。

「顔見て話さんと表情がわからんから、取材で会えん場合はズームが多いねん」

Yさんは中学二年まで大阪の文化住宅の一階に住んでいた。

ここでいう文化住宅とは昭和の高度成長期に関西地方に建てられた集合住宅で、木造モルタルの二階建てがおもだった。それ以前の集合住宅である長屋は台所と便所が共用だったのにくらべ、各戸に台所と便所があるのは「文化的」だというのが名称の由来らしい。

Yさんが住んでいた文化住宅では奇妙なことが多かった。

発端はYさんが三歳のときだった。母が買物にいって父と留守番をしていると、やがて帰宅した母が金切り声で絶叫した。

父がいつのまにか隣の部屋で首を吊っていたせいだが、Yさんにはほとんど記憶がない。それから母とふたり暮らしになった。

Yさんが小学一年生のころ、学校から帰ってくると、隣の部屋から壁を叩く音がした。文化住宅の壁は薄いから音が大きい。気になって壁を叩きかえしたら、隣もまた壁を叩いた。こちらが三つ叩くと、隣も三つ叩くから返事をするようでおもしろい。

「その文化住宅は子どもが多かったんで、隣の子が叩いてると思うたらしい」

Yさんは壁を叩く音がすると返事をし、自分から叩いて返事を待つこともあった。

ある日、夕飯の支度をしていた母がそれに気づいて、

「あんた、なにしてんねん。壁叩いたらあかんやろ」

隣の子が叩くから返事をしていると答えたとき、どんどん、と壁が鳴った。

とたんに母はYさんの腕をつかんで玄関をでた。母は隣の部屋のドアを開けて室内を覗《のぞ》き、見てみい、といった。

「誰もおらんやろ。いたずらしたら、あかんで」

母はきつい口調でいったが、声が震えていたのをおぼえている。それからも壁を叩く音はしたが、怖いからもう返事はしなかった。

Yさんが当時住んでいた文化住宅のむかいにも、路地をはさんでおなじような文化住宅があり、そこの一階に老婦人が住んでいた。

ある日の夕方、Yさんが文化住宅の階段で遊んでいると、老婦人がそばにきて、

「あのな、おかあちゃん呼んできて」

笑顔でそういった。

老婦人とは顔見知りというだけで特につきあいはなかったから、なんの用かと思いつつ部屋にもどった。彼女の言葉を伝えると母も首をかしげて、Yさんといっしょに外へでた。しかし老婦人の姿はないから彼女の部屋にいって、

「すんまへん、なんかご用ですか」

声をかけても返事はなく、室内は真っ暗だった。母はひとりで部屋に入ったと思ったら、すぐに血相を変えて飛びだしてきた。母はYさんを連れて近所の家にいくと、そこで電話を借りて警察に通報した。

「ほんまにおばあちゃんと話したんか」

やがて到着した警官に、Yさんは何度もそう訊かれた。

老婦人は死後数日が経過していたという。

老婦人の遺体が発見された文化住宅とYさんが住んでいた文化住宅のあいだの路地は、いつも暗くて湿っぽかった。その路地の奥に、大人がひとり入れるくらいの細い隙間《すきま》があった。Yさんはその先になにがあるのか気になったが、

「あそこには、ぜったい入ったらあかんで」

母に何度も釘を刺されていたから、入るのをためらった。

Yさんはそのうち隙間のことを忘れたが、中学生になってふと思いだしたから、あそこになにがあるのか母に訊いた。母はもう話してもいいと判断したのか、

「ここへ引っ越してきたころ、なんべんも見たんよ」

と溜息まじりにいった。

母が路地を通りかかると、小学校三、四年くらいの男の子が緑色の虫カゴを持って隙間に入っていく。近所の子ではないのに何度も見かけるから気になる。

ある日、こっそり隙間を覗いてみると、男の子は地面にしゃがみこんでいて、その横にスーパーのレジ袋がある。男の子はレジ袋からなにかをつかむと、前方に腕を振りおろした。

母は隙間に足を踏み入れたが、男の子は気づいていないのか、おなじ動作を繰りかえす。よく見たらレジ袋には砂がぎっしり詰まっている。男の子はそこから砂をつか

みだしては虫カゴにぶつけている。

「虫カゴ見たら、ちいさな白い蛇がおった」

白い蛇は砂をぶつけられるたび身をくねらせ、虫カゴのなかを逃げまどっている。

母は蛇が哀れに思えて、そんなことしたらあかん、と大声をあげた。

「かわいそうやろ。やめたりィな」

男の子はおもむろにこっちを振りかえり、

「だって咬《か》まれたから」

抑揚のない声でいって、にたりと嗤《わら》った。

母はわけのわからない恐怖に駆られて、その場から逃げだした。

母によれば、男の子は幽霊ではなく生身の人間だと思うが、夜中にも隙間に入っていくのを見かけたから、ふつうではないと感じた。

「せやから、隙間に入ったらあかんいうたんよ」

これからも入らんとき、と母は念を押した。

Yさんはうなずいたが、実は一度だけ隙間に入ったことがある。そのとき男の子はおらず、隙間の奥はトタン板でふさがれて行き止まりだった。

けれども母の話を聞いていたとき、地面にうずたかく砂が盛りあがっていたのを思いだして、背筋がぞっとした。

Yさんは大人になってから、かつてのわが家を訪れたが、そこには大きなマンションが建っており、文化住宅もあの隙間も跡形もなく消えていたという。

悪い土

怪談社はときどきユーチューブでライブ配信をおこない、ゲストを招いて怪談実話を語ったり視聴者の質問に答えたりしている。

「質問コーナーは得意やないけど、イベントできへんぶんユーチューブでも稼がなあかんねん」

視聴者の質問は怪談に関することという条件つきで受けつけているが、怪談で生計をたてたいとか、お祓《はら》いをしてほしいとか、ピントがずれた質問も多い。

とはいえ、なかには興味を惹《ひ》かれる質問もある。

「縁起の悪い土地があるけど、そこの土は触らんほうがいいかって質問。おばあちゃんに訊いてほしいて頼まれたそうやから、なんか気になってん。せやから配信中は返事を保留して、そのひとに直接連絡とってみた」

質問者はNさんという女性で、祖母は八王子《はちおうじ》に住んでいる。あるとき祖母が住んでいる家に、生け花教室で知りあったYさんという女性が遊びにきた。

祖母は庭いじりが好きとあって、自宅の庭にさまざまな草花を植えている。Yさんはそれをうらやましがって、

「うちの庭は土が悪いから、なにを植えても育たないんです」

祖母はそれほど園芸にくわしくなかったが、Yさん宅を訪れたとき庭を見せてもらった。その庭はなにかを植えようとした形跡があるだけで、草花はおろか雑草すら生えていない。

祖母は庭におりて土を触ってみた。見た目も感触も自宅の土と変わらないように思えるが、どうしてなにも育たないのか。奇妙に思っていると庭の隅に布がかぶせてあるのに気づいた。

近づいて布をめくったら透明なゴミ袋があって、そのなかに女の子の顔があった。顔は泥だらけで虫が何匹も這《は》っていたから、屍体《したい》かと思って腰を抜かしかけた。が、よく見ると、それは大きな人形だった。Yさんはすまなそうな表情で、

「その人形、庭を掘ったらでてきたんですけど、なんだか捨てられなくて――」

気分が悪くなった祖母はすぐに帰ったから、詳細はわからない。けれども土を触ってしまったのが不安で、孫のNさんに質問を頼んだという。

「どうしたらええかわからんけど、土を触ったくらい平気やろと思うて」

ちゃんと手ェ洗《あろ》うたんなら大丈夫です、と糸柳は答えた。

飛びおりが続くマンション

糸柳がIさんという女性から聞いた話である。

Iさんは怪談社のイベントに参加したのがきっかけで、みずからも怪談を語るようになり、テレビ番組やさまざまなイベントに出演している。

彼女の知人にBさんという二十代の男性がいる。Bさんは動画の撮影で、埼玉県の事故物件をまわる企画をたてた。五つ目の事故物件にいったあたりから、急に体調が悪くなったので自宅があるマンションに帰った。

まだ気分がすぐれないのでベランダに面した窓を開け、外の空気を吸っていたら、

「おいッ」

背後から父の怒声が聞こえた。

振りかえると父がすごい形相で駆け寄ってきて、Bさんの肩をつかみ、

「おまえはなにしてるんだッ」

なぜ父が怒っているのかわからなかったが、前を見たらベランダの手すりにロープが結んであり、それがBさんの首までつながっている。首にかかったロープは輪っかになっており、自分が首を吊ろうとしていたのに気づいた。

無意識にそんな行為をしたのは、五つ目の事故物件に原因があるように思える。

Bさんは早くお祓いにいくべきだと思う一方で、その事故物件をふたたび訪れたい衝動に駆られているという。

Iさんが小学生のころ、実家のすぐそばにあるマンションに同級生の友人が住んでいた。そのマンションは飛びおり自殺が異様に多く、何か月かに一度はパトカーが停まり、野次馬の人垣ができていた。

もっとも飛びおり自殺をするのはマンションの住人ではなく、部外者ばかりだった。マンションはオートロックだが、どこからか侵入して吹き抜けから飛びおりている。近くにはオートロックがなく出入りが簡単で、もっと階数の高いマンションがあるのに、なぜかそこで自殺する者はいない。

Iさんは同級生の部屋へ遊びにいったとき、吹き抜けの下にブルーシートがかけられているのを何度も見たが、それほど怖いとは思わなかった。

ある日の夕方、同級生を訪ねてそのマンションにいったら、入口の前にパトカーが停まっていた。またなにかあったのかと思いつつ、同級生と部屋で遊んだ。あとからパトカーがいたのを思いだして、同級生にそれを伝えたら、

「見にいこうよ」

という。ふたりは部屋をでて、吹き抜けが見おろせる場所にいった。

パトカーが到着してだいぶ時間が経っているはずなのに、警官の姿もブルーシートもなく、吹き抜けの下に屍体があった。

「あやつり人形を落としたみたいに、手足の関節がちがうほうをむいてました」

屍体は性別がわからないほど血まみれで、床に大きな血溜まりが広がっている。

ふたりは怖くなって部屋にもどった。なぜ屍体が放置されているのかわからなかったが、帰るときに吹き抜けを覗くと、すでに運びだされていた。

以降もそのマンションで飛びおり自殺は続いた。

それほど飛びおり自殺が起きたにもかかわらず、住民はあまり騒がず近隣の話題にもならなかった。飛びおり自殺はある時期からなくなり、いまはすっかり平穏になったという。

緑色のトンネル

昨年の秋、糸柳はTさんという男性から連絡をもらい埼玉県へ取材にいった。

六年ほど前のある夜、Tさんは知人宅を訪れた帰りに住宅街を歩いていた。住宅街といっても道の片側は森でさびしい雰囲気《ふんいき》だったが、不意にばたばた足音がして中学生くらいの少年が三人、こっちに駆けてきた。少年たちはひどくおびえた様子で、Tさんの腕や背中にしがみついた。なにごとかと思ったら、

「あそこに怖いひとがいます。助けてくださいッ」

少年のひとりがそう叫んで、道のむこうを指さした。

暗がりに眼を凝らすと、そこには歩行者用のちいさなトンネルがあった。上は道路で車が走っており、特に不審なところはないが、三人はぶるぶる震えている。

「怖いひとって、どんなひと？」

Tさんが訊ねると、少年たちはトンネルのなかで怪しい男に追いかけられたとい

う。念のために警察に電話して警官の到着を待った。そのあいだにトンネルを覗いてみたが、誰もいない。トンネルは天井と壁が緑色に塗られている。

やがて到着した警官は少年たちに事情を訊き、付近を見まわった。が、それらしい男はおらず、事件性はなさそうだった。

Tさんは後日、あのトンネルについてネットで調べてみた。すると埼玉県では有名な心霊スポットで「Sトンネル」と呼ばれているのを知り、糸柳に連絡をとった。

糸柳が調べた範囲では、昔この場所で殺された侍《さむらい》の顔がトンネルの壁に浮かびあがっているというのが噂《うわさ》の発端で、すでに故人だが心霊研究で知られたミュージシャンのI氏が紹介したことで広く知られるようになったとおぼしい。

「たぶんそのあとやと思うけど、トンネルの壁は落書きだらけになって侍の顔がどこにあるかわからんようになったらしい。そしたら侍の顔を落書きした奴がおって、こんどはそれが噂になってんねん」

侍の顔の落書きは壁を何度塗りなおしても浮かびあがってくる。そんな噂がささやかれたが、二〇〇八年ごろに天井と壁面が緑色に塗りかえられ、問題の落書きも消えた。噂の根源がなくなったにもかかわらず、いまもトンネルには肝試しに訪れる若者が多い。

Tさんに助けを求めてきた少年たちは警官に聴取された際、トンネルにいた男は着物姿で髪を振り乱していたと答えたという。

不審者

糸柳はその日、埼玉県T市にある工場へいった。そこではTシャツやバッジやキーホルダーといった怪談社関連の商品を制作している。

「要するに苦しまぎれやねん。コロナのせいでぜんぜんイベントできひんから、ちょっとでも稼がんと」

事務所で打ちあわせをしていたら、はじめて会った社員の男性が怪談社という名称に興味を示して、どんな業務内容か訊いてきた。それをきっかけに怪談がらみの話になり、男性も自身の体験を語った。

彼はかつて会社近くの実家に住んでいた。あたりは閑静な住宅街だが、ある時期から警官が頻繁《ひんぱん》に巡回するようになった。同居していた母親に聞いたところでは、学校帰りの小学生が何人も不審者を目撃し、心配した親たちが警察に通報したらしい。けれども不審者の詳細はわからなかった。

それからすこし経って、社員の男性は高校時代からの友人に会った。友人は近所に住んでいて小学生の息子がいるから不審者の話をすると、

「うちの子も、そいつを見たって」

それは四つん這いでぺたぺた地面を這っていて、全身が墨で塗り潰《つぶ》したように真っ黒だった。顔の輪郭はおろか、眼や鼻や口がどうなっているのかもわからない。したがって性別も年齢も不明だが、全身が真っ黒な人物の目撃談は多い。怪談実話や著名人の体験に複数あるし、わたしが過去に取材した男性は、のちに殺人現場と判明した部屋でそれを目撃している。

貯水池

真っ黒な人物の話を聞いてから、糸柳はふたたびT市にいった。幽霊の声を録音したという男性を取材するのが目的だったが、

「ファミレスで聞かせてもろたら、ノイズだらけで道路走る車の音しかせえへん」

早々に取材を切りあげて男性と別れた。

手ぶらで帰るのも悔しいからコンビニの駐車場でたむろしていた若者たちに声をかけ、怖い話や不思議な話を知らないか訊いた。すると彼らのひとりが近くにある貯水池で友人が幽霊を見たといった。その貯水池は以前から事件や事故が多く、最近も若者の死亡事故があったというから足を運んだ。

貯水池の周辺は広々とした公園があり、家族連れやカップルでにぎわっていた。が、奥へと進むにつれ、ひと気が減ってわびしい雰囲気になった。芝生《しばふ》に坐《すわ》って煙草《たばこ》を吸っていた初老の男性に事件や事故について訊いたら、

「いろいろあるよ。昔から縁起の悪いところだから」

そっけない答えがかえってきた。

さらに歩くと公衆トイレがあったが、その前の空き地に杭が打たれ、立入禁止と書かれた黄色いテープが張ってある。事件現場のような雰囲気なのに、空き地にはなにもないから不審に思って足を止めた。

すこしして公衆トイレから中年の女性がでてきた。公園の職員らしい服装なので立入禁止の理由を訊いたら、わたし、公園のことはちょっと——と言葉を濁して、

「おたくは記者のかたですか」

怪談実話の取材というのもまずい気がして適当にごまかした。が、女性はどこかの記者だと思っているらしく、むこうに見える橋を指さして、

「若い子が亡くなった場所なら、あっちですよ」

その橋を見にいったあと、池のほとりにぼんやり佇《たたず》んでいた中年男性に声をかけた。男性は近くの住人らしく、周辺で起きた事件や事故にくわしかった。

「この公園はできてそんなに経ってないのに、もう何人も死んでるよ。あんまりニュースじゃ流れないけどね」

「さっき、ここで幽霊を見たって話を聞いたんですが——」

「そんなのは見ない」

男性は強い口調でいってから、ふと表情を曇らせて、

「おれの友だちもここで死んだんだ。事故じゃなくて自殺」

後日ネットで調べると、昨年だけで水死と思われる遺体が二体、付近の河川敷で白骨化した遺体が一体発見され、今年に入っても水難事故が起きている。

幽霊の真相

貯水池へいってから数日後、糸柳は真っ黒な人物が目撃されたという住宅街を訪れた。特に珍しい話ではなく、新たに取材するあてもなかったが、

「こういうのは勘《かん》やねん。家とか通りの雰囲気でなんかあるような気がしたら、まあまあ話聞けるから」

糸柳はあちこち歩きまわって、これはと思う人物に声をかけた。しかし無視されるか不審な眼で見られるばかりで収穫はない。一時間近く経ったころ、民家の玄関先で掃除をしていた老婦人がようやく口をきいてくれた。

「このへんは昔田んぼばかりだったから、大雨や台風のときは水害がひどくてねえ。そういうときは小学校に避難するんだけど、教室も体育館も雨漏りするの」

あるとき台風で小学校に避難したが、雨漏りがひどいのにたまりかねて市の施設へ移動した。やがて近所に住む顔見知りの婦人があとから施設にきて、真っ青な顔で震

えている。なにがあったのか訊いたら、

「さっきまで小学校にいたけど、教室から窓の外見てたら校庭に女がいたっていうの。外は大雨なのに女は和服着てて、くるくるまわってたって」

老婦人によると、この近くに赤ん坊を抱いた女の幽霊がでるというアパートがあるらしい。糸柳はアパートの場所を聞き、老婦人に礼をいって歩きだした。


アパートにむかっていると、どこかで道をまちがえたのか公園に着いた。公園の入口のそばに自販機がある。歩き疲れて喉が渇いたから自販機で缶コーヒーを買って飲んだ。天気のいい午後なのに公園には誰もおらず、あたりはしんとしている。

すこししてスーツを着た男性がやってきて自販機でジュースを買った。糸柳はアパートの場所を訊きたかったが、いきなり幽霊というのもためらわれて、

「このへんって、なにか騒ぎになったこととかありませんか」

趣旨のよくわからない質問をした。とたんに男性は肩をすくめて、

「事故のことは知りません」

ぶっきらぼうにいって歩み去った。事故とはなにかと思いつつ公園に入ると、さっきまではいなかった作業着姿の中年男性がベンチにかけていた。

糸柳はさりげなく隣に腰をおろして事故のことを訊いたが、

「事故？　そんなのないよ」

と男性はいった。糸柳は思いきって、赤ん坊を抱いた女の幽霊がでるというアパートについて訊いた。すると男性ははっとした表情になって、

「ああ、それはあの事件のせいじゃないの」

「あの事件ってなんですか」

男性によると二十年ほど前、近くのアパートで赤ん坊の遺体が発見されて騒ぎになったらしい。その場でスマホをだして検索すると「アパートの押し入れに乳児の白骨体6体分見つかる」という見出しのついた記事があった。乳児の遺体が発見されたのは押入れの上段で、五体がポリ袋に、もう一体は衣装ケースに入っていたという。

「ほんまや。なんで六体も――」

糸柳がそうつぶやいたら、細かいことは知らん、と男性はいって、

「でも警察って、どうしてほんとのことをいわないんだろ」

「なんですか、ほんとのことって？」

男性は無言でかぶりを振って腰をあげた。

庚申塔《こうしん》

　糸柳はネットの記事にあった所在地を頼りに、乳児の遺体が発見されたアパートにたどり着いた。アパートの名称は事件当時と変わっており、これといって怪しい雰囲気はない。事情を知らない住人に話を聞くわけにはいかず、踵《きびす》をかえした。

　ただスマホの地図アプリで確認すると、アパートがあるのは真っ黒な人物が目撃された住宅街から三キロ近く離れていたが、この前取材にいった貯水池には八百メートルほどに近づいていた。

「だからなに？　っていわれたらそれまでやけど、こういう場所って固まるねん」

　駅へむかって歩いていると、道路沿いの一軒家の敷地に古びた庚申塔があった。

　庚申塔とは庚申塚ともいい、疫病を鎮《しず》めるとされる青面金剛《しょうめん》像や「見ざる、いわざる、聞かざる」の三猿を彫ったもので、おもに江戸時代に建立《こんりゅう》された。

　庚申塔を眺めていたら、その家の玄関から八十代後半くらいの男性がでてきて、

「あなた大学のひと？」

と訊いた。この庚申塔は珍しいようで、大学関係者や研究者がよく足を止めるという。庚申塔は建立されて二百年ほどで、側面に地名が彫ってあるから標石——道しるべを兼ねているらしい。

糸柳はさっきのアパートを思い浮かべて、

「庚申塔は魔除けの意味もあるから、事件や事故はないでしょうね」

「いや、事故はあるけど、ほとんど傷がなくて死ぬよ」

男性によると、庚申塔に面した道路は交通量が多いせいで死亡事故が多いが、そのほとんどは頭を強打して即死するという。

「戦時中、わたしの姉もそこで軍のトラックに轢《ひ》かれて死んだ。そのときも頭を強く打っただけで、ほかに怪我はなかった」

トラックを運転していた軍人は詫《わ》びるどころか、

「子どもを道で遊ばせるのが悪いんだッ」

姉の遺体にとりすがる母親を怒鳴りつけて去っていった。

それだけ死亡事故が多いうえに即死ばかりとなると、もはや怪異に近いが、ほかにも奇妙なことはないか訊いた。男性はすこし考えてから交差点を指さして、

「戦争が終わって十年くらい経ったころ、そこに街頭テレビがあってね」

ほかに娯楽のない時代だけに、街頭テレビの前にはいつも大勢のひとびとが集まった。ある日の夕方、近くの住人たちと街頭テレビを観ていると、

「あーッ、あれ見ろッ」

住人のひとりが大声をあげて庚申塔のほうを指さした。

そっちに顔をむけたら、庚申塔の前で青白い人魂《ひとだま》が踊るようにまわっていた。人魂はいくつもあったが、ひとびとの視線に気づいたのか、まもなく墓地の方向へ飛んでいったという。

「あれはみんなで見たから、ぜったい本物だと思う」

ここで事故が多いのと関係あるんかな、と男性はいった。


ちなみにこの付近で、一九七〇年に一家四人が惨殺される事件が起きている。被害者は夫婦とその子どもふたりで、犯人は殺害された夫の弟だった。

犯人は兄嫁に性的な執着を持って深夜に被害者宅に侵入、就寝中の四人を薪《まき》割りで殺害、子どもたちがうめき声をあげるなかで瀕死の兄嫁を弄《もてあそ》んでいる。

犯人は死刑になったが「いちばん残念だったのは、兄嫁の肉を食えなかったこと」

だと法廷で陳述したという。

O山

糸柳がHさんという男性から聞いた話である。

Hさんはアパレル業界で働きながら、テレビ番組やイベントで怪談を語っている。

彼は千葉県のM市に住んでおり、その近辺で怪談を蒐集するのが日課である。

数年前、小料理屋の女将《おかみ》からこんな話を聞いた。

深夜、女将は店を閉めたあと、女友だちに車で送ってもらった。

途中で道のむこうが光っているので、なにかと思ったら幼稚園が見えてきた。幼稚園のグラウンドに黄色いバスが停まっており、その車内から光が漏れている。

車内に喪服姿のひとびとがぎっしり乗っていたから女将は驚いて、

「ちょっと、あれ見てッ」

と叫んだ。

次の瞬間、運転席の女友だちは無言でアクセルを踏みこみ、猛スピードでその場を

離れた。彼女はいくら話しかけても答えてくれなかったが、女将が車をおりるとき、

「さっき見たものは忘れたほうがいいよ」

と険しい表情でいった。彼女もあれを見たのだとわかって、なおさら怖くなった。けれども、あれがなんだったのかはわからずじまいだった。

その幼稚園の場所を調べてみると、近くにO山という森があるのに気づいた。O山は私有地なので勝手に入れないが、以前からあそこは怖いと噂されていた。

Hさんは行きつけの居酒屋で、女性店主からこんな話を聞いた。

店主は以前、O山のそばにある保育園に娘を預けていた。車で送り迎えをしているとO山沿いの道を通るたび、決まった場所で泣きだす。道路側にフェンスがあり、そのむこうは森だが、特に泣くようなものはない。試しに道を変えたら、娘はすっかりおとなしくなった。

中学生になった娘に当時のことを話したら、ちゃんと自分が泣いたのをおぼえていた。なぜ泣いたのか訊いたら、フェンスのむこうに大きな壺《つぼ》がいくつもならんでいて、そのなかから裸の老人がこっちを見ているのが怖かったといった。

店主はそれを聞いて、娘が泣きながら、おばあちゃんとか壺とか、意味不明なことを叫んでいたのを思いだした。

Hさんは O山になにかあるという思いを強くして、所有者に連絡をとって土地の由来を訊いたが、詳細はわからなかった。

おととしの大晦日、Hさんは男性の友人と自宅ですごしていた。

コロナ禍の影響でどこにもいけず、ふたりで酒を呑《の》んでいると怪談話で盛りあがり、O山の話になった。友人はO山について知らなかったが、酔った勢いでそこへいくことになった。

もう年は明けて元旦の午前四時だった。

ふたりは臨時ダイヤの電車でO山の最寄駅にむかった。電車をおりると駅前は初詣《はつもうで》へいくひとびとでにぎわっていた。けれども歩くにつれて通行人は見る見る減り、あたりは閑散としてきた。道のまんなかになにかあるから眼を凝らすと鳩の死骸で、厭な気分になった。

「おれ、もう帰る」

O山に着く寸前で、友人がそういった。

「なんでだよ。せっかくここまできたのに」

「とにかく、いきたくねえんだよ」

友人はいくら説得しても拒むから、あきらめて駅にもどった。

Hさんは友人の態度を不審に思いつつ自宅に帰った。

酔いはとっくに醒めて頭が重い。尿意をおぼえてトイレにいくと、急に激痛が走って便器が真っ赤になった。血尿がでたのははじめてだし猛烈に痛むから一一九に電話したが、新型コロナウイルスへの対応で救急車は派遣できないという。

とりあえず鎮痛薬を吞んで、病院が開くまで我慢するようにいわれて絶望した。

が、市販の鎮痛薬は意外に効いたので安静にすごした。

何日かして受診できる病院が見つかったから、急いで検査を受けた。しかし尿道や膀胱に異常はなく結石も見あたらず、原因は不明だった。

症状はしだいに回復し、まもなく自然治癒した。Hさんは血尿がでたのはO山にいったせいとしか思えないという。

糸柳はHさんの話を聞いたあと、漫画家のIさんが以前M市に住んでいたのを思いだした。Iさんは女性で、超自然的な方面に造詣が深い。彼女にメールで訊いてみると、O山付近には古墳がたくさんあるという。

「ネットで検索したら、たしかに古墳がようさんあった。保育園に通うとった娘さんが壺て叫んだのは、もしかして甕棺《かめかん》か柩《ひつぎ》やないやろか」

駐禁の駐車場

昨年の秋、怪談社にツイッターのフォロワーからメールが届いた。埼玉県在住のフォロワーによると以前住んでいたマンションは、駐車場に車を停めると管理人から怒られたという。

「なんでか訊いたら、幽霊がでるからやて」

今年の四月下旬、糸柳はフォロワーに詳細を聞いて、マンションの所在地へむかった。途中で男子高校生に、シーハナのひとですよね、と声をかけられた。

糸柳と上間はタレントの狩《か》野《の》英孝《えいこう》が司会を務めるCSテレビ番組「怪談のシーハナ聞かせてよ。」にレギュラー出演している。高校生はその視聴者で、しばらく立ち話をしたが、糸柳は当然のように怖い話や不思議な話を知らないか訊いた。

「その子が通うとった中学校の屋上に、女の幽霊がでるて噂があったらしい。けど細かいことは、なんもわかれへん」

高校生と別れて歩きだすと、彼が口にした中学校は目的のマンションのすぐそばだった。そのマンションは駐車場の一画が金属パイプに囲まれて、駐車できないようになっている。けれども幽霊がでるといわれた場所が、ここなのかわからない。

マンションの裏——ベランダがある側にまわってみると、そこにも駐車場があって、やはり一画が金属パイプで囲まれている。つまりマンションをはさんで両側に駐車できないスペースがあるが、なぜそんな不便なことをしたのか。

「マンションのひとに訊くのはやばいから、むかいの家にいった」

むかいの一戸建てはマンションのベランダに面しており、玄関は反対側にある。玄関にまわってインターホンを押すと、七十がらみの老婦人がでてきた。

このへんの建物を調べているといったら不審な眼で見られた。しかしそんなことには慣れている。軽口を叩いていたら笑顔を見せるようになったので、むかいのマンションの駐車場について訊いた。とたんに老婦人は顔色を変えて、

「女のひとがあそこに飛びおりたの」

飛びおり自殺があったのは十数年前で、過去にもおなじ部屋の住人が自殺したらしい。老婦人はそれも気味が悪かったが、女性の遺体を見てしまったことにショックを受けたといった。

女性が飛びおりたのはベランダ側の駐車場で、遺体があった場所は駐車できなくなっており、そこに面した一階の窓は板でふさいである。が、マンションの表側にも駐車できない一画がある理由はわからなかった。

「駐車場に車停めたら幽霊がでるとか、管理人に怒られるとか、そこまでは調べられへんかった。ただ、おれに声かけてきた高校生がいうとった話は、なんか関係あるんかなと思うた」

飛びおり自殺があった部屋は高さと方角からして、女の幽霊がでるという中学校の屋上がよく見えるはずだと糸柳はいった。

51　駐禁の駐車場

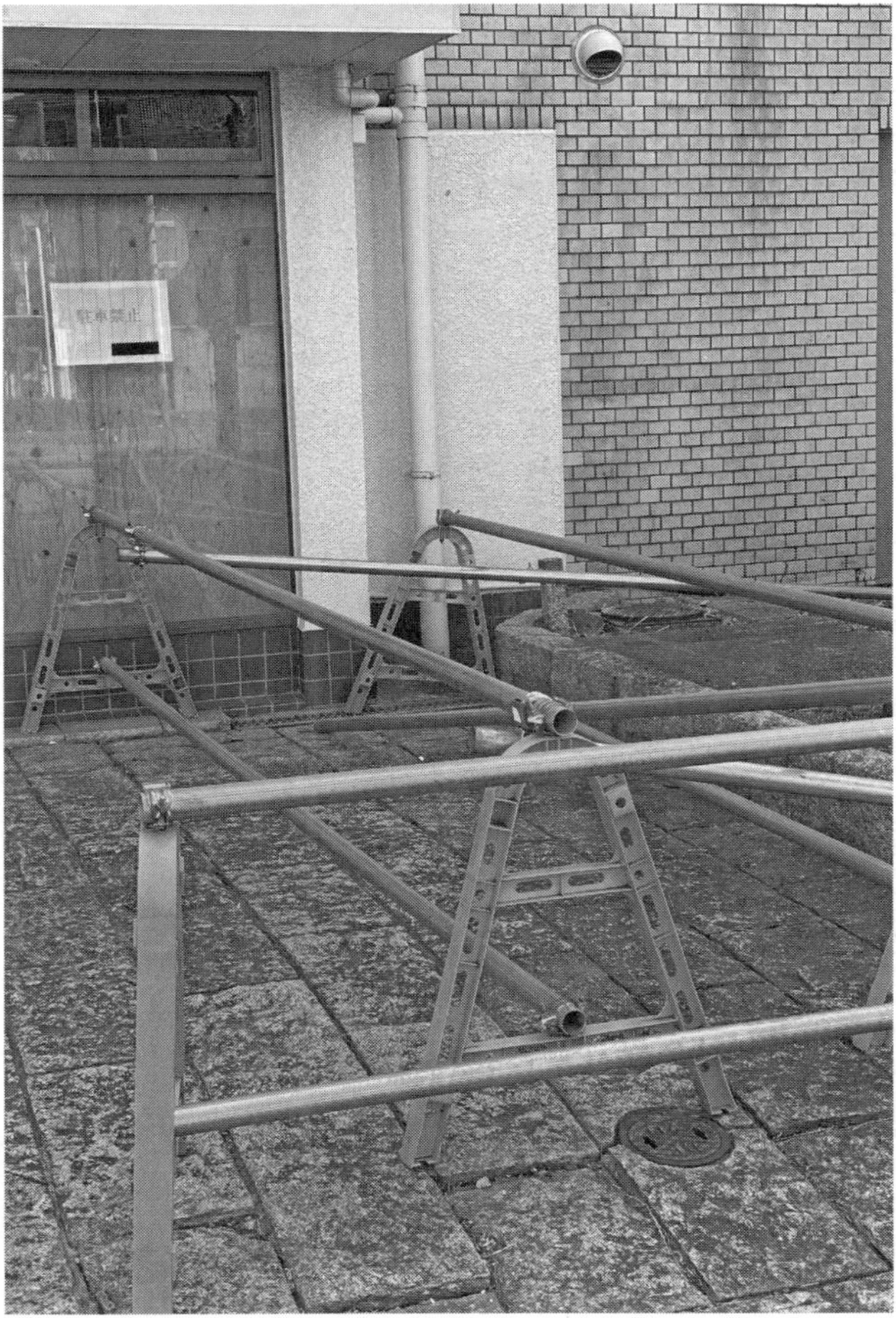

浜辺のカップル

昨年の十一月上旬、糸柳は三重県伊勢《いせ》市にあるF神社を訪れた。F神社は名勝として知られるF浦が一望でき、太い注連縄《しめ》で結ばれた夫婦岩《めおと》が正面にある。

前日の夜、取材で会った男性の友人がここで奇妙な体験をしたという。友人の職業はカメラマンで、数年前にF神社や夫婦岩を撮影にきた。

「夫婦岩がきれいに撮れる場所を探しとったら、カップルが浜辺を歩いてた。歳は若そうやのに、髪型や服装は古くさい感じやったらしい」

カップルは会話もせず、カメラマンの前方を歩いていく。そのまま進んでいったら浜辺が途切れて歩けなくなった。この場所では夫婦岩もうまく撮れないからひきかえしたが、しばらく歩いたところで、

「あのふたり、どこにいったんやろ、って思うた」

気になって振りかえると、さっきとおなじ古くさい服装のカップルがいた。ふたり

はこっちに背中をむけて浜辺を歩いている。いったん姿を消したのにひきかえしてくるのは不自然だし、またおなじ方向へむかっている。

あのカップルは、おなじことを繰りかえしているのではないか。そう思った瞬間、カメラマンは無性に寒気がして撮影もせずに帰った。

糸柳はカップルがいたという浜辺を歩いてみた。カメラマンに聞いたとおり、すこし歩くと浜辺は途切れて海になり、そこから先へ進めなくなった。

トンネルの動画

翌日、伊勢市内のホテルに泊まった糸柳は伊勢神宮に参拝した。日ごろ怪しいところばかり巡っているだけに厄祓いもしてもらった。

境内《けいだい》で休憩していると「怪談のシーハナ聞かせてよ。」を観たという地元の若者たちが話しかけてきた。例によって取材を試みたが、本書で使えそうな話はない。

「このへんに心霊スポットみたいな場所はある？って訊いたら夫婦岩て。きのういったちゅうねん」

若者たちは、夏に夫婦岩や近くのトンネルで肝試しをするという。彼らの友人たち五、六人がそのトンネルにいって動画を撮ったら、天井や壁に黒い人影が映った。

ただ人影がはっきり見えるという者、なにも見えないという者で意見がわかれた。スマホでトンネル内を撮影した本人はなにも見えなかったが、やばいから消したほうがいいといわれて動画を消去した。

「だいたい、あのトンネルいこうって誰がいいだしたん？」

帰り道で仲間のひとりがそう訊ねた。しかし誰も記憶になかったという。

「ぶっちゃけめんどかったけど、また夫婦岩の近くまでもどってトンネル入った」

もう日が暮れて外は暗くなっていたが、トンネルのなかはオレンジ色の照明が灯《とも》っている。糸柳は天井や壁をスマホで撮影しながら歩いた。

そのときの様子は、ユーチューブの「怪談社 OFFICIAL」に「この動画を見る前に必ず下の概要欄をお読みください。」と題してアップされている。

糸柳とわたしにはなにも見えなかったが、動画のコメント欄には見えたという意見も少数あった。

孫の予言

今年の三月下旬、糸柳は出版社の担当者と会うために国分寺《こくぶんじ》へいった。約束の時間よりだいぶ早めに着いたので、あたりをぶらついていると古い民家の前で七十がらみの男性が地面を見てきょろきょろしている。

「どうされたんですかって訊いたら、家の鍵落としたて」

糸柳はいっしょに地面を見ていたが、玄関のドアに眼をやったら鍵穴に鍵が挿さっている。男性にそれをいうと頭を掻《か》いて苦笑した。雰囲気がなごんだところで怖い話や不思議な話を知らないか訊いたら、数年前に孫が泊まりにきたとき、不可解なことがあったという。

孫は当時三歳の男の子でおとなしい性格だったが、深夜に飛び起きてわんわん泣きだした。驚いてどうしたのか訊くと、

「女のひとが落ちた」

孫は窓のむこうを指さして泣き続ける。どこに落ちたのか訊いても要領を得ない。夢を見たんだろうとなだめて、どうにか孫を落ちつかせた。

翌日、男性が外出先から帰ってくると、隣のビルの前に救急車が停まり、ひとだかりができている。なにがあったのかと思ったら、さっきビルの窓から女性が転落したという。その窓はゆうべ孫が指さしていた方向にあったから、背筋がひやりとした。

あとでわかったところでは、その女性が窓にもたれていたら、なぜか急に窓が開いて背中から転落したらしい。幸い命に別状はなかったが、偶然にしてもすごい確率じゃないですか、と男性は首をかしげた。

廃ペンション

今年の二月、糸柳と上間とKさんという男性は、動画撮影のために東北のI湖にいった。Kさんは「怪談社 OFFICIAL」の運営を担当している。

「ついでに取材もしよう思うとったら、ものすごい積雪量でまともに歩けへん。めっちゃ寒いし誰もおらんから取材はあきらめたけど、悔しいからツイッターでI湖の怪談を募集した」

寄せられた話は短いものばかりだったが「夜に湖に近づいたら死人に呼ばれると祖父母にいわれた」とか「ぼんやり散歩をしていた母がわれにかえると、湖に足を踏み入れかけていたので、なにかに呼ばれたのかもしれないといった」とか「呼ばれる」という表現が多かった。

I湖は水難事故や入水自殺が多く、二〇二〇年九月には八歳の男児ら三人がモーターボートに衝突されて死傷するという痛ましい事件も起きている。

ネットで調べると、I湖に沈んだ遺体は藻《も》が多いせいで浮かんでこないという情報が目についた。が、観光協会のウェブサイトによると、I湖の水質は弱酸性なので藻類は繁茂しにくく透明度は高いとある。

もっともI湖は強い横波や冷たい水の塊である冷水塊の危険が指摘されており、夏場でも水温が低いから足が攣《つ》ったり心疾患を起こしたりしやすい。しかも最深部は九十メートルを超えるとあって遺体が見つかりにくいのは確かだろう。


糸柳は東北へいったあと、たまたま会った知人からこういわれた。

「おれの友だちがI湖のそばに住んでたけど、このへんは事故物件が多いって不動産屋がいってたらしい」

知人が口にした地域にはOペンションと呼ばれる廃墟があり、有名な心霊スポットになっている。ネット上には過去にオーナーが自殺したとか一家心中があったといった噂もあるが、実際には建設途中で放置されたとおぼしい。

ただ日本唯一の事故物件公示サイト「大島てる」でその地域を検索すると、あたりは田畑や山ばかりにもかかわらず事故物件が多い。それもほとんどが縊死——首吊り自殺だった。

糸柳はその地域を調べていたとき、数年前にMさんという女性に聞いた話を思いだした。当時のメモを確認すると、Mさんは家族でI湖付近のペンションに泊まりにいった。その夜、彼女はペンションのオーナーから近くに不気味な集落があると聞いて興味を持った。

翌日、Mさんはドライブがてら母親と犬を車に乗せて、その集落にいってみた。犬は車で留守番させて母親と集落のなかを歩いたが、どの家もぼろぼろに朽ちていて住人の気配はない。ふたりはまもなく車にもどったが、

「あんなところに住んでる子って、どうやって生活してるんだろ」

と母親がいった。Mさんは意味がわからず、

「子どもなんていなかったよ。ぜんぶ空き家でしょ」

「ううん。一軒だけ住んでるよ」

「誰も住んでないって。あんなぼろぼろなのに」

「あんた見てないの？　子どもが窓から手を振ってたじゃない」

母親がそういいはるので、集落にもどって確認することになった。すこし気味が悪かったから、こんどは犬を連れていった。

子どもが窓から手を振っていたという家は、やはり廃屋で誰もいなかった。けれど

もその家に近づいた瞬間、犬が毛を逆立てて猛烈に吠えだした。Mさんは犬が窓の一点を凝視していたのが怖かったという。

悪夢

今年の三月下旬、糸柳は渋谷《しぶや》の喫茶店で取材をした。

事前に連絡をとりあった段階では、待ちあわせた人物は怪異にまつわる体験が豊富な印象だった。ところが実際に会ってみると、本人の体験は皆無のうえに有名な怪談実話を「知りあいの体験」として口にする。

「これは知りあいから聞いた話だけど、っておれが取材した話まで熱心に語ってくれるから、めっちゃへこんだわ。本人に悪気はないんやろうけど——」

糸柳はその人物と別れたあと、べつの喫茶店にいった。

取材が空振りに終わるのは珍しくないが、その日の行動をむだにしないために現地でふたたび取材を試みるのが習慣になっている。

近くに取材できそうな場所がないかスマホで検索していると、十六年前に起きた殺人事件で遺体の一部が遺棄された現場がすぐそばなのに気づいた。

事件当時のニュースでは現場は空き民家の庭と書かれていたが、喫茶店をでてそこへいってみると駐車場になっていた。あたりはひと通りが多く、空き家の庭であっても遺体が発見されるのは時間の問題だろう。事実、遺体は散歩中の女性が発見し、警察に通報している。

「遺体を隠したいんなら、なんでこんなとこに捨てたんやろと思うた」

スマホで現場の写真を撮っていたら、近くの路上でスーツを着た二十代後半くらいの男性がふたり立ち話をしていた。糸柳はふたりに近づいて、

「あそこは、いつから駐車場なんですか」

現場を指さして訊いた。最近ですよ、と男性たちは愛想よく答えた。糸柳はふたりの態度から事情を話しても敬遠されないと判断し、

「怖い話や不思議な話を取材してるていうた」

すると男性のひとりが眼を見張って、あの事件の取材にきたんですね、といった。

男性は急いで駐車場にいくと地面を指さして、

「ここです。ここに遺体があったそうです」

そこはさっきまで糸柳が立っていた場所だけに、ぎくりとした。男性は駐車場の隣のビルで働いていて、事件当時はまだ勤めていなかったが、職場の先輩からこんな話

を聞いたという。

その日の夜、先輩が残業でひとり会社に残っていると、天井の蛍光灯が点いたり消えたりしはじめた。もう帰ろうと思って照明のスイッチを押しても点滅を繰りかえす。奇妙に思ったが、やがて蛍光灯は消えたので帰宅した。

深夜、自宅で寝ていた先輩は悪夢に魘《うな》されて眼を覚ました。彼は夢のなかで誰かに追われていた。捕まるまいと必死で逃げながら振りかえったら、相手の顔や軀は見えず、腰から下だけがすごい勢いでこっちに迫ってくる。

「いままで見たこともない怖い夢だったんで、先輩は次の日会社にいって同僚たちに話したそうです」

午後になってあたりが騒がしくなったと思ったら、隣の民家の前にパトカーが停まり野次馬が人垣を作っている。近所の住人から男性の切断された下半身が民家の庭に捨てられていたと聞き、先輩はもちろん同僚たちも戦慄《せんりつ》したという。

「そんなことがあったせいか、うちの会社はいまでも変なことが多いんです。社員がぎっくり腰になったり、階段から落ちて腰の骨を折ったり――」

とにかく「腰」にからんだ病気や怪我が多いという。

のちに殺人と死体損壊・遺棄の罪で起訴されたのは、男性の妻のKという女だった。Kは就寝中の夫を撲殺し、量販店で購入したノコギリで軀をバラバラに切断、上半身を新宿の路上に遺棄したあと下半身を前述の民家に遺棄、頭部は町田《まちだ》市の公園に埋めている。

Kは犯行の動機は夫との不仲や家庭内暴力だと供述、法廷では「警察署で鏡に映った夫の姿を見た」「遺体を捨てたとき、夫の声が聞こえた」と幻覚や幻聴を訴えた。弁護人は犯行時に心神喪失状態だったと主張したが、Kは犯行後に捜索願をだし部屋のリフォームをするなど捜査を攪乱《かくらん》している。精神鑑定の結果、Kの責任能力が認められ、懲役十五年の判決が確定した。

ちなみに糸柳はこの取材直後に腰を痛めて、しばらく歩行が困難になった。

居心地の悪い部屋

糸柳が看護師のMさんから聞いた話である。

Mさんは病院勤務のかたわら、テレビ番組やイベントで怪談を語っている。彼女は小学校四年まで都内のマンションに両親と兄姉と住んでいた。駅から近く築年数も新しかったが、なんとなく居心地が悪い。

部屋は二階で街中なのに、玄関の前に大人のてのひらほどもある蜘蛛《くも》が出没する。階段の踊り場の天井は、雨が降るたび顔のようなものが浮かびあがる。そのマンションに住みはじめてから父が経営していた会社が倒産し、母との夫婦仲は最悪で喧嘩《けんか》が絶えなかった。

ある日の朝、仏間に入った母が叫び声をあげた。

「なにこれッ」

急いで見にいくと、仏壇のまわりに大量の水が湧《わ》きでていた。仏壇の前の座布団もぐっしょり濡れているのに、天井や壁は濡れていないから雨漏りではない。

「このマンションが建つ前は病院があったから、それと関係あるのかも」

と母はいったが、水が湧きでたのは一度きりで原因はわからずじまいだった。

Mさんは両親の不仲もあってか、ひとりで部屋にいるときは不安でたまらなくなる。小学校四年にもかかわらず、死を考えることもしばしばだった。

そのマンションを引き払い、べつの場所に引っ越すと、Mさんの不安は嘘《うそ》のように消えた。父は事業の失敗から立ちなおり、夫婦仲もよくなった。

二年ほど前、グーグルストリートビューで当時住んでいたマンションを見ると、エントランスに顔のようなものが浮かんでいた。兄と姉にそれを見せたら、

「あのマンションの部屋には、ひとりでいるのが怖かった」

ふたりとも口をそろえてそういった。

黒いナースコール

糸柳が看護師のHさんから聞いた話である。彼も病院勤務のかたわら怪談を語り、DVDの刊行やイベント出演などで活躍している。

Hさんが以前勤めていた都内の病院は明治時代に開設され、かつては病院の敷地内に火葬場があったという。その病院では、院内のあちこちで謎の子どもが目撃される。入院患者によれば、その子は深夜の病室でベッドの下にもぐりこんだり、カーテンの上から覗いたりする。

小児病棟に入院しているのはほとんどが軽症で、亡くなった子どもはいない。そもそもカーテンの上から顔をだせるのは、生身の子どもではない。

まったくの偶然だが、前述のMさんが住んでいたマンションはこの病院から徒歩で十五分ほどの距離にある。

Hさんは看護師のYさんから、こんな話を聞いた。

数年前、Yさんは港区にある病院の内科病棟に勤務していた。

ある日の午後、八階に入院している老婦人からナースコールがあった。病室にいくと老婦人はベッドの前を指さして、そこの黒いカーテンをどけて、という。

黒いカーテンなどないから、ないですよ、と答えた。しかし老婦人は、そこにあるといいはる。Yさんはカーテンをどけるふりをして、なんとか老婦人を落ちつかせた。麻酔薬や鎮痛薬の影響で譫妄《せんもう》による幻覚を見る患者は多いから、さして気にしなかった。

その日、退勤の時刻になって病院をでると、看護師長と帰りがいっしょになった。Yさんは老婦人が黒いカーテンを見たという話をして、

「たぶん譫妄でしょうけど——」

そういいかけたら看護師長は眉《まゆ》をひそめて、

「それ、譫妄じゃないと思うよ」

看護師長は主任だったころ、似たような体験をしたという。

その日、ナースステーションにいた彼女は、ナースコールが鳴ったので病室にいった。すぐ駆けつけたつもりだが、患者の中年女性は激怒していて、

「痛みがひどいから呼んだのに、どうして早くきてくれないの」

こっちのナースコールも押したのに、といった。こっちのナースコールとはなにかと訊いたら、黒いナースコールだという。

その病院のナースコールは棒状で先端に呼びだし用のボタンがついているが、各ベッドにひとつしかないし、色は白かベージュで黒は存在しない。

その女性患者の病状は安定していたのに、二日後に容態が急変して亡くなった。


べつのある日、ナースコールが鳴って病室にいくと、

「ナースコールはどこにいったの」

患者の老婦人が訊いたが、彼女の手にはナースコールが握られている。

「いま手に持ってるじゃないですか」

「これじゃなくて黒いやつよ」

老婦人も二日後に容態が急変して亡くなった。それ以降も三人の患者が黒いナースコールのことを口にして、やはり数日以内に亡くなった。

亡くなった五人の患者はすべて八階に入院していたが、なぜそんなことが起きたのか原因はわからない。

「カーテンとナースコールはちがうけど、黒いっていうのが気になるのよ」

と看護師長はいった。黒いカーテンを見たという老婦人は、その夜に容態が急変して、翌日に亡くなったという。

券売機と防犯カメラ

糸柳は行きつけのバーで、Jさんという男性からこんな話を聞いた。

Jさんは三十代後半で、以前は鉄道会社の社員だった。茨城県郊外の駅に勤めていたころ、奇妙なことに気づいた。

その駅の券売機にはセンサーがついており、ひとが近づくと電源が入るようになっている。券売機のボタンには行き先の駅名と運賃が記されているが、犯罪やトラブルに備えて、何時に何回押されたかが電源が入った時刻とともに記録される。

ある日、Jさんが券売機の記録データを見ていると、毎晩七時半ちょうどに電源が入り、おなじ駅名のボタンが押されているのがわかった。

郊外の駅とあってその時刻の乗降客はわずかだし、毎晩まったくおなじ時刻におなじ駅名のボタンを押すのは偶然にしても変だと思って、

「上司に報告したら、それは気にするなって一蹴《いっしゅう》されました」

始発前の早朝、Ｊさんは駅事務室で開業の準備をしていた。

防犯カメラのモニターに眼をやったら、ホームに男が映っていた。ホームは暗くて顔はよく見えないが、乗客はまだ入れない時刻だから何者かが侵入したらしい。

急いでホームにいって照明をつけると、誰もいなかった。

あの男は、わずかな時間でどこへいったのか。

Ｊさんは不審に思いつつ駅事務室にひきかえした。防犯カメラの映像を巻きもどして確認すると、暗いホームにはたしかに男がいる。

が、Ｊさんが照明をつけた瞬間、男は消えた。

「上司にその映像を見せたら、光のかげんで人影に見えただけだって——」

またも一蹴されたが、上司の顔は引き攣っていたという。

濡れたシャツ

今年の四月下旬、わたしは地元のK市で取材をおこなった。

K市の住宅街に四百年近い歴史を持つ寺がある。

住職のMさんは十九歳の夏、友人たち五人と森のなかにあるキャンプ場へいった。みんなは森を探索したり川遊びをしたり自然を満喫し、写真をたくさん撮った。スマホが普及していないころだから撮影はインスタントカメラである。

夜は酒を呑みながらバーベキューを堪能し、テントにもどったのは深夜だった。夏とはいえキャンプ場の夜は冷えるから、毛布をかけて横になった。けれども異様に寒くて眠れない。鳥肌が立つほど寒いのに、なぜか全身に汗がにじんでくる。

「ちょっと外の空気吸ってくるわ」

Mさんはそういってテントをでたが、そこから先の記憶がない。

「おい、待てッ。あぶないぞッ」

友人の叫び声とともに肩を烈しく揺さぶられ、はっとわれにかえった。

足元を見たら崖だった。崖の下には大きな川が流れており、あと一歩踏みだせば川に落ちるところだった。

「おれ、寝ぼけとったんやろか」

首をかしげてテントにもどると、眼と肩に異常を感じた。鏡を見たら両眼の目蓋《まぶた》が腫《は》れあがっており、左肩が岩でも載せたように重い。あいかわらず寒くて汗もでる。

「なんかにとり憑《つ》かれたんやないか」

と友人たちはいった。Mさんは寺で生まれ育ったものの、そういう現象は信じていなかったから体調不良だろうと思った。

ろくに眠れぬまま朝を迎えたMさんは、友人たちとキャンプ場をあとにした。すると左肩が見る見る軽くなり、眼の腫れも嘘のようにひいた。

「いまから呑みにいけるってくらい、体調がようなったんです」

何日かしてキャンプ場で撮った写真を現像すると、一枚の写真に不可解なものが写っていた。紺色のシャツを着たMさんが森を背にして笑っている。その左肩がぐっしょり濡れ、得体のしれない光の球がそこにいくつもむらがっている。

「キャンプ場に着いたばかりで撮ったから、シャツはぜったい濡れてなかった。あれはなんやったんか、まったくわからんです」

キャンプにいった友人たちと顔をあわせるたび、いまでもその話になるという。

憑依

Mさんが怖い思いをしたのはキャンプ場くらいで、以降そんな体験はない。もっとも日常的に不思議だと感じることはいくつかある。

たとえば檀家の誰かが危篤《きとく》に近い状態になったり、医師から余命数日といわれたりすると、家族が寺に電話してくる。

「あと何日も持たないので、そのときはよろしくお願いしますっていわれるけど、そのとおりに亡くなることは、まずないです」

ほとんどがいったん持ちなおして、亡くなるのはもっとあとだという。

反対に檀家の誰かが亡くなるのは事前に連絡がないときが多く、なぜか時期が集中するから大忙しになる。

「次々に電話がかかってくるけ、びっくりします。えー、また？　みたいな感じで」

もうひとつ不思議なのは先代住職である父親が何日か出張すると、そのあいだに必ずといっていいほど檀家の誰かが亡くなる。

「理由はわからんけど、ほとんどそうなるけ、いつ連絡があってもいいように寺でずっと待機してます」

Mさんは基本的に祈禱《きとう》やお祓いはしない。

「お寺っていうと、そういうことをするって思うとるひとも多いけど、うちの宗派はやりません。ただ土木関係のひとは、工事の前にぜったいお祓いしてくれっていうし、どうしてもって頼まれた場合はやります」

十五年ほど前、檀家のAさんという四十代前半の男性から相談を受けた。最近、家のなかで妙な気配を感じたり、室内のものが勝手に動いたりするという。

会社員のAさんは狩猟が趣味で、狩猟が解禁されている時期は休みのたびに山に入っていた。狩りの対象は猪《いのしし》や鹿、鴨《かも》などがおもだった。

「Aさんはこのあいだ狩りにいったとき、なんかにとり憑かれた気がするっていう。ぼくは霊能者やないから、そういわれても困るんです。でもお祓いしてほしいっていうから――」

効果のほどはさだかでないと念を押して経をあげた。

Aさんはそれで納得したが、少し経って彼の父親が急病で亡くなった。

Mさんは、その通夜《つや》にいって驚いた。Aさんは小肥りで温厚な顔だちだったのに、眼が落ちくぼんで頰《ほお》がげっそりこけている。父親が亡くなった心労でやつれたというレベルではなく、別人のようだった。

Aさんはそわそわして落ちつきがなく、しゃべりかたもおかしい。翌日の葬儀のときは、ときおり低いうなり声をあげていた。


その後Aさんは会社を辞め、酒に溺《おぼ》れるようになった。母親は精神的なストレスのせいか憔悴《しょうすい》しきって、家事をするのがやっとという状態だった。

Mさんが法事でAさん宅を訪れると、玄関に入っただけで酒臭い。室内は薄暗くて空気がよどみ、野良猫が勝手に出入りしている。Aさんと母親はどうやって生計をたてているのかわからない。ときおり路上で見かけるAさんは、軀がふらつき眼が据わっている。

「あの姿見たら、やっぱりなんかにとり憑かれとるんかもって思うけど――」

なんもしてあげられんのが悔しいです、とMさんはいった。

この原稿を書いたあとMさんに会ったら、Aさんは最近亡くなったという。

デスクの下

K市の市街地を流れるM川沿いに大型の商業施設がある。

Sさんという中年男性がそのビルのオフィスに勤めていた。Sさんは中間管理職で数人の部下がいる。業務は多忙で、遅くまで残業することもしばしばだった。

ある夜、Sさんが事務作業をしていると、最近入ったバイトの女性がそばにきて、

「あの、席を替えてもらえませんか」

深刻な面持ちでそういった。

わけを訊いたら、夜になるとデスクががたがた揺れて気味が悪いという。彼女のデスクを調べても、まったく異状はないから相手にしなかった。が、それからまもなく彼女は体調不良を理由に退職した。

以前そのデスクを使っていたバイトの女性も、雇ってすぐに辞めた。もっとも離職率が高い職場とあって、バイトの顔ぶれは次々に変わるから気にとめなかった。

その日、Sさんは業務が片づかず、深夜まで残業をしていた。

誰もいないオフィスでひとりパソコンにむかっていたら、がたがたとどこかで音がした。社内を見まわすと、音は部下のデスクから聞こえてくる。そのデスクは、ふたりのバイトが辞めてから使っていない。

「あの子がいうたのは、ほんとやったんか」

Sさんは驚いたが、なにかの振動がデスクに伝わって音をたてるのだろうと思った。デスクに近づいてみると、がたがた左右に揺れている。

思いきって椅子をひき、デスクの下を覗いた。

次の瞬間、Sさんは腰を抜かして尻餅をついた。デスクの下いっぱいに巨大な男の子の顔があり、眼をぽっかり開けてこっちを見ていたという。

路地の声

昨年の十二月中旬、糸柳は赤羽《あかばね》へ取材にいった。

「清野《せいの》とおるさんの『東京怪奇酒』読んだ知りあいから電話あって、赤羽てそういう話多いんかて訊く。赤羽はあんまり取材してへんから、いってみようと思うた」

糸柳は駅周辺を歩きまわって何人もに声をかけたが、ことごとく無視された。ただでさえあわただしい師走《しわす》に、見知らぬ男から怖い話だの不思議な話だのといわれたら、それこそが怖い話である。

とはいえ商店街にいた老婦人に話を聞けた。

老婦人は赤羽に住んで三十年ほどだが、商店街からすこし離れたところに怖い路地があるという。以前、女友だちとそこを通りかかったら、

「ここはなにかいるよ」

女友だちは不意に足を止めて、もとの道へひきかえした。彼女はそういうものが見

える体質だったが、老婦人はさほど気にしなかった。

それからしばらく経った夜、べつの女友だちと食事にいった。帰りにその路地を歩いていたら女友だちが急に寒がりだし、なにもないところで転んだ。彼女を助け起こしてどうしたのか訊くと、誰かに足首をつかまれたとおびえている。

あたりを見ると暗がりに女が立っていて、こっちをじっと見ている。夜目にも顔が嗤っているのがわかって、ふたりは逃げだした。それ以来、老婦人は遠回りしてでも、その路地は通らないようにしているという。

糸柳は老婦人に場所を聞いて、その路地にいった。建物にはさまれて暗いというだけで、なんの変哲もない。近くの四つ角で水商売風の男性が煙草を吸っていたので、路地について訊いた。

「幽霊なんて見ねえけど、ときどき女の叫び声がするね。あーとか、わーとか」

と男性はいった。はじめは酔っぱらいだろうと思ったが、声の主は同一人物で、どこから聞こえるのかわからない。

「みんな気にしてないから、おれも気にしねえけど」

女の叫び声は路地に反響するから気味が悪い、と男性はいった。

ばあちゃんが死んだ場所

その日の夕方、糸柳は取材の合間に赤羽付近の公園で休憩した。

公園では小学生たちがドッジボールをしている。それをちらちら眺めながらメモ帳に取材の予定を書いていると、中年の男性がそばにきて、

「きょうはいい天気ですね」

年寄りじみたことをいった。それをきっかけに話をすると、ドッジボールをしているひとりが男性の息子らしい。糸柳に声をかけるのは取材してくれというのとおなじだから、お決まりの質問をした。

「怖い話や不思議な話ねえ――」

男性はしばらく考えてから、そういえば、と口を開いた。

以前、男性の高校時代の先輩がバイクショップを経営していた。そこへ遊びにいったとき、Aさんという先輩はこのあいだ変なことがあったという。

その日は客がすくなく、ひまを持てあましたAさんは店頭に置いた椅子にかけ、ぼんやり通りを眺めていた。しばらくして原付バイクが店の前に停まり、ヘルメットをかぶった男がおりてきた。

男はヘルメットを脱ぐと、店の横にある電柱のそばに立って嗚咽《おえつ》しはじめた。男は三十代なかばに見えるが、面識はない。なんにせよ、店の前で泣かれるのは迷惑だ。

「大丈夫ですか」

と声をかけたら、男はしゃくりあげながら電柱の根元あたりを指さして、

「おれのばあちゃん、ここで死んだんです」

Aさんは驚いて、いつですか、と訊いた。

「ちょうど十年前です。心臓発作で急に倒れて――」

バイクショップをはじめたのは最近だから、十年前のことは知らない。男はまもなく原付に乗って去っていったが、厭なことを聞いたと思った。

そのあと近所に住んでいる知人が通りかかったので、さっきの話をした。

知人は電柱を見ながら首をかしげて、

「さあ――そんなことあったたっけ」

そのとき、車が急停止するけたたましい音が響いたと思ったら、どんッ、と鈍《にぶ》い音

がして誰かが電柱に激突した。Ａさんと知人はあっけにとられた。

電柱の根元に若い男が倒れていて、苦しげなうなり声をあげた。道路にはバンパーがへこんだ車が停まり、青ざめた顔の中年男がおりてきた。

まもなくパトカーや救急車が到着すると、若い男は病院に搬送され、中年男は警官たちと話している。Ａさんと知人も事故の状況を警官に訊かれたが、電柱を見ていたら、ひとが飛んできたとしかいえなかったという。

そういう物件

糸柳は赤羽駅周辺にもどって話が聞けそうなひとを探した。

陽が傾いて寒さがこたえるから飲食店での取材に切りかえようと思ったら、不動産屋の看板が眼にとまった。

「事故物件あるか直接訊いてみようと思うた。はじめからそういうても無理やろうから、とにかく安い部屋ないですかていうたら——家賃一万とか一万五千円とか、ありえん物件がようさんある」

糸柳はもうすこし広くて割安な部屋はないかといい、事故物件でもかまわないとつけ加えた。カウンターのむこうにいた三十歳前後の男性社員は驚くでもなく、

「事故物件は人気あるから、すぐ埋まるんです」

以前は敬遠されていたが、最近は安さを優先して過去のことは気にしない客が増えたという。糸柳は勢いづいて、幽霊がでる部屋はないか訊いた。

「そういう話はちょこちょこ聞きます。でも、ひとの気配がするとか金縛りに遭うとか抽象的なのが多いですね。窓の外に人影が浮かぶっていうタワマンの噂もあったけど、ちゃんと調べてはいないみたいで――」

糸柳は話の方向を変えて、自殺が多い物件はあるか訊いた。とたんに男性は眼を見張って、あ、とつぶやいた。彼は周囲を見まわしてから声をひそめて、

「べつの店で働いてたとき、変なマンションというか――変な社員がいました」

その男性社員が担当した客は、おなじマンションで何人も自殺した。マンションには分譲の部屋もあり、見るからに幸福そうな家族が購入したが、ほどなく母親が自殺したから、ほかの社員たちは怖がった。当の男性社員はただの偶然だと思っているらしく、たいして気にしていなかったという。

「この近くにも、そういうマンションはありますか」

と訊いたら、デスクでパソコンにむかっていた年配の社員が尖《とが》った眼でこっちを見た。よけいなことをいうなという表情だった。糸柳の相手をしていた社員はそれに気づいたようで、

「いや、そういう物件はありませんね」

なに食わぬ顔でいって、透明なデスクマットの下の地図を指さした。

彼の指先が示したマンションを、あとから「大島てる」で検索すると、事故物件をあらわす炎のマークが四つあった。

その夢の前の夢

　上間がＡさんという女性から聞いた話である。

　彼女は広島県の郊外で生まれ育った。実家は母家と離れがあって、母家に両親と兄姉、Ａさんの五人が住み、離れに祖父母が住んでいた。

　離れは倉庫を改装したものでトイレがふたつあった。ひとつは改装時に作ったから水洗できれいだったが、もうひとつは以前からある古いトイレで、コンクリートの床に大きな穴を開けただけの汲み取り式だった。

「臭いし汚いしあぶないしで、祖父しか使っていませんでした」

　祖父は昔気質《かたぎ》でこだわりが強く、食事はいつも自分で作ってひとりで食べる。祖父は夕食のときも顔を見せず、Ａさんたち家族と祖母は母家で夕食をとるのが常である。といって家族と不仲なわけではなく、Ａさんは祖父が大好きだった。

　Ａさんが小学一年生のある夜、夕食を終えて離れにもどった祖母が甲高い悲鳴をあげた。驚いて離れにいってみると、トイレの穴から祖父の両足が突きでている。

「まるで逆立ちしたみたいに上半身が穴に落ちこんでて——」

父があわててひきずりだしたが、祖父は便槽に溜まった糞尿で窒息しており、すでに息がなかった。

かかりつけの医師は変死と判断し、警察が捜査をおこなった。その結果、事件性はなく、祖父は晩酌で酔っぱらって足をすべらせ、トイレの穴に転落したと推定された。トイレの穴は安全のために板でふさがれ、以降は誰も使わなくなった。

それからまもなく祖母がおびえだした。

夜、離れで寝ていたら、どんどんと戸を叩く音がして、

「開けてくれッ」

祖父の叫び声がする。

それが何度も続くというから、両親は心配して祖母を母家で寝かせるようにした。ところが、こんどは母家で異変が起きた。夜になると誰もいない廊下を足音が行き来したり、枕元でひとの気配がしたりする。

Aさんたち子どもはもちろん両親と祖母も気味悪がり、実家と離れを売却し、べつの家に引っ越した。それ以来、怪異はぴたりとおさまった。

祖父の死から十年近く経ち、Ａさんは高校生になった。

ある夜、彼女は夢のなかで実家の離れの前に立っていた。懐《なつ》かしい思いで建物を眺めていると、引戸のむこうからどんどんと音がした。

なかに誰がいるのかと思ったら、

「開けてくれッ」

祖父の叫び声とともに、また引戸を叩く音がする。祖父が離れに閉じこめられている。そう思って引戸に手をかけたが、南京錠がかかっていて開かない。どうすることもできぬまま、悲しい気持で眼を覚ました。

Ａさんは朝になって、姉に夢のことを話した。姉は眼を見張って、

「わたしは、その夢の前の夢を見た」

ゆうべ姉も夢のなかで離れの前に立っていた。

そこまではＡさんの夢とおなじだったが、引戸は開いていた。懐かしさをおぼえて離れに足を踏み入れたら、眼の前に祖父が立っていた。

死んだはずの祖父が怖くてたまらず、姉は外へ転がりでた。急いで引戸を閉めて南京錠をかけたところで眼が覚めたという。

ふたりがなぜ、同時期に似たような夢を見たのかわからない。

「ただ祖父は自分が死んだのがわからずに、まだあの家にいるような気がします」

かつての実家は売却したあと、なにかに使われる様子もなく、母家と離れはそのまま残っている。Ａさんはそのそばを通るたび、切ない気持になるという。

電柱

上間がSさんという男性から聞いた話である。

三十年ほど前、Sさんは大手企業の技術部門に勤めていた。高知県という土地柄のせいか職場は呑み会が多く、他部署の社員もまじえて酒を酌みかわすこともしばしばだった。

その夜も職場の呑み会があったが、Sさんは車できていたので酒は呑まず、呑み会が終わると後輩を送っていった。後輩が住んでいる寮まではかなりの距離があるから、ときどき通る近道を使った。

そこは山の斜面と田畑にはさまれた一本道で、人家はほとんどない。道路沿いに点々と電柱がならんでいるだけで街灯もまばらだった。

Sさんが車を走らせていると、古い寺にさしかかった。この先は急勾配の山道になる。そういえば、と後輩がいって、

「さっきの呑み会に、変なひとがいたんですよ」

「変なひと？」

「焦茶色のスーツを着たおじさんで、はじめて見る顔でした」

今夜の呑み会は大人数が参加したから、見知らぬ社員がいても不思議はない。が、その男は後輩にビールを注ぐと、いま走っている道のことを口にして、

「電柱が一本増えるっていったんです」

男はそれだけいって姿を消したという。Sさんは笑って、

「電柱なんていくらでもあるのに、なぜ一本増えたってわかるんだ」

そもそも男はなにを伝えたかったのかわからない。

Sさんは後輩を寮に送り届けると、いまきた道をひきかえした。山の斜面と田畑にはさまれたあたりにさしかかったら、ヘッドライトにちいさな人影が浮かんだ。

道のむこうに、学生帽をかぶった半ズボンの男の子がいる。時刻はもう二時近いし、こんな辺鄙《へんぴ》なところに小学生がいるのはどう考えてもおかしい。

そう思って車を停めると、男の子はスキップでもするように軽快な足どりでこっちに歩いてくる。男の子の足元から土埃《つちぼこり》が舞いあがって顔は見えない。車の横を通りす

ぎるとき、ランドセルを背負っているのがわかったが、顔は見えずじまいだった。

　Sさんはサイドミラーに眼をやって、男の子が去っていくのを見守った。後ろ姿が見えなくなって視線を前にもどすと、いつのまにか景色が変わっていた。

　山の斜面と田畑はなく、あたりは土が剝《む》きだしの荒地だった。道も未舗装になっていて道路脇に枯れた草木が生えている。どこかで道をまちがえたのかと思ったが、Uターンしようにも道幅がせまくて前にしか進めない。

　しかたなく車を走らせると、ぽつぽつと明かりが見えてきた。道の両側に水路と橋があって、そのむこうに十軒ほどの民家が軒を連ねている。どの家も窓から明かりが漏れているが、なぜか生活感がない。

　そのまま先へ進んでいくと、すこしひらけた場所にでて、ようやくUターンできた。けれどもハンドルを切って民家の裏庭に眼をやったら、真っ黒な人影が見えた。

　怖くなったSさんは車のスピードをあげて、民家がならぶ道を通り抜けた。さっきの荒地にでるだろうと思ったら、見たことのない丁字路に着いて車を停めた。丁字路のまんなかに古びた木製の電柱があり、ブリキの傘がついた裸電球が灯っている。

　Sさんは右へいくか、左へいくか迷った。

「まちがったら、もうもどれない――」

なぜかそんな気がしたが、意を決して右に曲がった。

次の瞬間、あたりが急に暗くなり、道のむこうに見おぼえのある寺があらわれた。

ほっとして後ろを振りかえると、丁字路も電柱もなくなっていた。

後日、寺の近くの住人に謎の集落や荒地について訊いたが、そんなものはないといわれた。ただ山の上に廃校があり、夜は誰も近づかないという。


それからしばらく経って、また会社の呑み会があった。

その夜はSさんも職場の仲間と酒を呑んだ。そのうち小用を催《もよお》して席を立とうとしたら、社員らしい男がビール瓶《びん》をさしだした。軽く頭をさげてグラスで受けたが、誰なのかわからない。考えていると男は微笑して、

「見たんでしょ」

といった。なにをですか、と訊いたら、

「電柱ですよ」

男の焦茶色のスーツを見て、後輩の話とあの夜の出来事を思いだした。

けれども尿意が烈しくなって我慢できない。トイレにいくと断って立ちあがったら、男が小声でなにかつぶやいた。用を足して急いで席にもどると、男はもういなか

った。が、さっきの声が耳に蘇《よみがえ》った。

「帰れたんですねえ――」

男はいかにも意外そうな口調で、そうつぶやいたという。

退屈な肝試し

上間がAさんという女性から聞いた話である。

Aさんは大学生のころ、広島県のマンションでひとり暮らしをしていた。部屋が広かったので友人たちの溜まり場になり、仲のよい三人が毎晩のように遊びにきた。

当時はホラー映画が流行《はや》っていたから、レンタルビデオでかたっぱしから借りてはみんなで鑑賞した。そのせいで怪談や都市伝説がらみの話題が多かった。

「H町にテケテケがでるらしいよ」

ある夜、友人のひとりがそういった。

テケテケとは事件や事故によって下半身が切断された女性の幽霊で、両手を地面について移動する。一九八〇年代から九〇年代にかけて広まった都市伝説で、マンガや映画にもなった。テケテケの話題から、近くにあるA山という心霊スポットの話になり、いまからそこで肝試しをすることになった。

Aさんたちは男友だちが運転する車に乗って、A山にむかった。A山は住宅街のはずれにある小高い山で、頂上で車を停めると街の夜景がきれいだった。けれども心霊スポットというわりに怪しい雰囲気はなく、なんのスリルも感じない。

落胆した四人は、これからどうするか話しあった。

「こうなったら、やっぱテケテケっしょ」

「うん。テケテケ見たい」

「だね。H町はここから近いし」

「よーし、テケテケ見つけにいくぞー」

Aさんは張りきって叫び、車はふたたび走りだした。

目的のH町に着くと、さっそくテケテケを探したが、そう都合よくはあらわれない。ただ町をうろついても退屈だから、あきらめてAさんのマンションにもどり、そこで解散になった。

Aさんの部屋には、女友だちのKさんが残った。

「結局なにもなかったね」

「うん。A山もぜんぜん怖くなかったし」

ふたりでしゃべっていたらAさんのスマホが鳴った。相手はさっき車を運転していた男友だちで、彼女が電話にでるなり、

「あぶなかった、マジあぶなかった」

興奮した声をあげた。

彼によれば自宅へ帰る途中、突然ブレーキが効かなくなった。サイドブレーキでなんとか車を停めたが、あやうく事故を起こすところだったという。

「A山からおりるときも、ずっと誰かに足首つかまれてた」

いままで黙ってたけど、と彼はつぶやいて電話を切った。意外な話に驚いていたら、またスマホが鳴った。電話にでると、先に帰った女友だちが声を震わせて、

「さっきシャワー浴びてパジャマに着替えたの。もう寝ようと思って部屋の明かりを消したら――」

暗がりに、ぼおっと炎があがった。炎は一瞬で消えたが、そのなかに髪の長い女の顔がはっきり見えたという。

「めっちゃ怖いから、部屋じゅうの照明つけてるの」

電話を切ったあと、Kさんにいままで聞いたことを話したら、

「実は、わたしもね――」

といいだした。Ａ山を車でくだっていたとき、窓に眼をやると黒い帯のようなものがはためいている。なにかと思って眼を凝らしたら、それは長い髪の毛だった。

「車の上に誰かが乗ってて、こっちを覗きこんでる気がしたの。でも見まちがいかもしれないし、こんな山道でみんなを怖がらせちゃいけないと思って――」

Ｋさんは前をむいて、ずっと窓を見ないようにしたという。

退屈な肝試しだったはずなのに、みんな怖い思いをしていたとは想像もしなかった。Ａさんが言葉を失っていると、Ｋさんは続けて、

「変なことがあったのは、あなたがきっかけよ」

「え？　どういうこと――」

「Ａ山の上で、テケテケ見つけにいくぞーって叫んだでしょ」

そのとき車の外から、おー、と低い声が聞こえた。みんなは顔を見あわせたが、Ａさんはなにも気づいてなかったという。

鮎《あゆ》

上間がNさんという女性から聞いた話である。

三十年ほど前、Nさんは両親と妹の四人で京都府に住んでいた。自宅があるのは山に囲まれた風光明媚な土地で、近くを流れる川は底が見えるほど澄んでいた。

山道をすこしのぼると祖父母の家があり、Nさんと妹はよく遊びにいった。祖母は気丈な性格で、両親をはじめ親戚にも慕われていたが、怒ると怖い。Nさんは祖母のいいつけにはすなおに従った。けれども幼い妹はいうことをきかず、いたずらばかりしては祖母に雷を落とされていた。

Nさんが小学校四年の夏休みだった。

彼女は友人たちと近くの川で水遊びをしたり、鮎や川魚を捕ったりするのが楽しみだった。捕った魚は図工で使う小刀で腹を裂き、河原の焚《た》き火で炙《あぶ》って食べる。それが子どもたちのおやつがわりだったが、盆になると川にいくのは禁じられた。

祖母にわけを訊いたら、ご先祖さまが帰ってくるからだという。Nさんは意味がわからぬまま、祖母に叱《しか》られるのが怖くて外出をひかえた。しかし小学校一年だった妹はいうことをきかず、ひとりで遊びにいき、夕方になっても帰ってこない。

「どこいったんやろ。もう遅いから呼んできて」

母にそういわれて、Nさんは犬の散歩がてら妹を捜しにいった。たまたま家にきていた祖母も心配したようで、いっしょについてきた。

いつも遊んでいる川にいったら、思ったとおり妹がいたが、どうも様子がおかしい。妹は浅瀬にぼんやり佇んでおり、胸のあたりで両手をあわせている。妹のそばへいこうとしたら、なぜか犬があとずさりして動こうとしない。

Nさんは犬をその場に残して妹に駆け寄り、

「そこでなにしてはるの」

声をかけても反応がない。異様な姿にとまどっていると、祖母がばしゃばしゃ水しぶきをあげて川に入り、妹の頭をてのひらではたいた。

とたんに妹はわれにかえり、あれ？　と首をかしげた。Nさんと祖母がきたのに、いままで気づかなかったらしい。なにがあったのか訊いたら、妹はこんな話をした。

ひとりで川遊びをしていて水に潜ったら、たくさんの鮎がいた。捕まえようとしてもすぐ逃げられるから悔しい思いをしていると、一匹の鮎がゆっくり前を泳いでいた。あまりに動きが遅いので両手で包んでみたら、あっさり捕まった。

「やった。捕れたッ」

と思った瞬間、頭をはたかれた感触があって、眼の前にNさんと祖母がいたという。ほら、と妹はいって両手を広げた。そこには、いままで見たことがないほど痩せ細った鮎がいた。

祖母は無言で妹の腕をひいて河原にいくと、焚き火の跡から灰をつかんだ。続いて妹の両手を広げ、鮎もろとも灰をなすりつけて、そこに唾《つば》を吐いた。祖母は灰だらけの鮎を川に放りこみ、踵をかえして歩きだした。

Nさんは妹と犬を連れて、あとを追った。

「振りかえったらあかん。前むいて歩き」

祖母は背中をむけたまま、強い口調でいった。

「山には神様がおって、ときどき人間に悪さをする」

妹は、その神様にたぶらかされたのだといった。Nさんはそれを聞いて怖かったが、妹はまったく懲《こ》りずに毎日遊びまわっていたという。

定番のもの

　上間がHさんという男性から聞いた話である。

　Hさんは全国でコーヒーショップを展開する企業に勤めている。十年ほど前、彼は店長として都内のある店に派遣された。その店は一階と二階が客用のフロアで、二階の奥に事務室がある。

　Hさんがその店に派遣されてまもない朝だった。

　朝礼のあとベテランの女性スタッフがそばにきて、店長、ここ幽霊でますよ、と笑顔でささやいた。Hさんは自分が早くなじめるように、彼女が冗談をいったのだと思った。しかし翌朝も不可解なことがあった。

　Hさんが出勤すると、早番の女性スタッフたちの会話が耳に入った。

「ゆうべ子どもが熱だしちゃって」

「うちの旦那も体調崩したの」

「きのうはどこのフロアだった?」

「二階」

「あたしも」

「やっぱり。もう定番ね」

なにが定番なのか聞き耳をたてていると、二階になにかがでるらしい。ゴキブリでもいたら大変だと思って、二階になにがでるのか訊いたら、

「幽霊です」

彼女たちは異口同音に答えたが、店は駅から近い商店街にあり、いつも大勢の客でにぎわっているだけに信じられなかった。

その日、Hさんは朝いちばんに出勤した。二階の事務室にいこうとして螺旋《らせん》階段をのぼったら、フロアのまんなかに裸足《はだし》の足跡がべったりついていた。前夜に清掃業者が入っているし、まだ誰も出勤してないから床はぴかぴかのはずだ。

Hさんは業者にクレームを入れようと思い、スマホで写真を撮った。まもなく出勤してきたベテランの女性スタッフに足跡のことをいったら、

「それは業者のせいじゃないです」

写真はすぐに消したほうがいいという。

また幽霊かとうんざりしたが、スタッフたちは毎日のようにそんな話をする。店長として放っておけずに、どんな幽霊がでるのか訊くと、エアコンからうめき声が聞こえる、自動ドアの戸袋の隙間から薄っぺらい幽霊が覗く、誰もいないのに自動ドアが決まった時間に開く、といった声があった。

朝のシフトでは二階に続く螺旋階段での目撃例が多く、階段をのぼっていくとフロアのまんなかに裸足の女が立っているのが見える。しかし階段をのぼりきると、女は消えるという。Hさんはそれを聞いて、裸足の足跡を思いだした。

ベテランのスタッフは数年前、隣のビルで若い女性が殺害される事件があったので、それと関係があるのではないかといった。

Hさんは半信半疑だったが、その店で勤務を続けるにつれ、べつの問題が浮かびあがってきた。店は忙しいのにスタッフが長続きせず、雇ってもすぐ辞めてしまう。辞める理由に幽霊がでるからという者もいて引き止めようがない。

人手不足で悩んでいると、Aさんという女子大生がバイトに入った。Aさんは社員でも時間のかかる業務をごく短期間でマスターするほど優秀で、明るく活発な性格だった。得がたい人材とあって彼女に辞められては困る。

「Aさんの前で幽霊の話はしないでね」

スタッフたちに何度も口止めした甲斐があって、Aさんは元気に働いていた。

ところがある日、Hさんが二階の事務室にいると、ばたばたと足音がしてAさんが駆けこんできた。彼女は青ざめた顔で、ここ幽霊いますよね、といった。

スタッフの誰かがばらしたのだと思ったら、

「たったいま、キッチンで見たんです」

Aさんが洗いものをしていて食洗機のドアを開けたら、立ちのぼる蒸気とともに女の手が伸びてきた。その手は彼女の腕をつかんで食洗機のなかにひきずりこもうとする。それを必死で振りほどいて、ここまで走ってきたという。

彼女はHさんが引き止めるのも聞かず、当日にバイトを辞めた。

Hさんはその店で一年間勤務して、本社から異動の辞令をもらった。

しばらく経って後任の店長と会う機会があって、話題はやはり幽霊のことになった。まだでますか、とHさんが訊いたら店長はうなずいて、こんな話をした。

その夜、シャッターが壊れたので閉店後に業者に修理を頼んだ。

修理には予想以上に時間がかかり、終わったのは午前二時だった。とっくに終電はないが、タクシー代は惜しいから事務室に泊まることにした。

デスクにうつ伏せてうとうとしていたら、商店街からハイヒールの音が近づいてきた。この時間に商店街で営業している店はなく、人通りもないだけに靴音は大きく響く。やがてハイヒールの音は店の前まできた。

と思ったら、一階のフロアでカツカツカツと音がする。シャッターは修理したばかりだしドアには鍵もかかっている。にもかかわらず、ハイヒールの音はまちがいなく一階から聞こえてくる。

店長は眠るどころではなくなって耳を澄ませた。ハイヒールの音はまもなく階段をのぼり、二階のフロアを横切って事務室の前で止まった。店長は全身の震えが止まらなかったが、このままじっとしているのも恐ろしい。

思いきってドアを開けたら、誰もいなかった。店長は大急ぎで店をでると、通りかかったタクシーに飛び乗って自宅に帰ったという。

「あの店にいるのは、やっぱり女なんですね」

Hさんがそういったら店長は肩をすくめて、

「でも、べつの女ですよ。Hさんが店にいたころの女は裸足だったでしょう」

店長がスタッフに聞いたところでは、エアコンから聞こえるうめき声は男で、自動ドアの戸袋の隙間から覗くのは真っ黒な人影で性別はわからない。自動ドアが決まった時間に開くのは、すでに亡くなった常連客の老人で、生前はいつもその時刻に来店していたという。要するに、と店長は続けて、

「あそこは定番で、いろんな幽霊が集まってるんですよ」

その店でいまも怪異が起きるのかどうかはわからない。が、営業に支障はないようで、あいかわらず大勢の客でにぎわっているという。

呼ばれる

糸柳は前述のコーヒーショップを「大島てる」で検索したとき、その店の近くに炎のマークが四つついたマンションを見つけた。投稿は重複しているものもあるが、それらをまとめると一〇五号室に心理的瑕疵《かし》あり、二〇五号室に告知事項あり、四〇二号室と四〇四号室に心理的瑕疵あり、四〇五号室で自殺と書かれている。

心理的瑕疵とはいわゆる事故物件を指し、告知事項とは心理的瑕疵を含む表面的に判断しづらい欠陥を意味する。

投稿によると一〇五号室、四〇二号室、四〇四号室で心理的瑕疵が発生したのは二〇一八年、二〇五号室は時期不明、四〇五号室は二〇〇八年となっている。二〇一八年に三件も心理的瑕疵が発生したのは誤認の可能性もあるが、それを差しひいても事故物件が多い。

今年の五月上旬、糸柳は現地に足を運んだ。そのマンションは繁華街に近く人通りは多いが、夕暮れどきのせいか誰も足を止めてくれない。

「何人声かけても無視される。たまに愛想がいいひともおるけど、マンションのこというたとたん機嫌が悪《わる》なる。知りません、まったく知りませんッ、てヒステリックな感じでいわれるから、なんかあったんかも――」

近くの商店で不要な買物をしてようやく店主に話が聞けたが、事故物件のことは知らなかった。ただマンションが建つ前は病院だったという。

ふたたび歩きまわっていると、ゴミ捨て場の掃除をしている老婦人がいた。老婦人もマンションについては知らなかったが、事故物件が多いようだといったら、

「それは、呼ばれてるんよ」

「呼ばれてるとは――死んだひとにですか」

「そう。最近は自殺とかあっても、ちゃんとお祓いしないでしょう」

「そういうのって、ほんとにあるんですか」

「あるよ、あんた。あたしが若いころにもたくさんあった。ちゃんとお祓いしなきゃ、呼ばれるか病気になるか家が潰れるよ」

老婦人がしゃべっているあいだにゴミ捨て場に眼をやると、お供えもののような枯れた花束がふたつ捨ててあった。

祠《ほこら》のある家

去年の夏、糸柳は友人の妻からこんな話を聞いた。

四年前、彼女は幼い息子を連れて群馬県郊外の実家に帰った。実家は田畑に囲まれた住宅街にあり、のどかな景色が広がっている。

その日の夕方、ひさしぶりに会った女友だちと犬の散歩にいった。おたがい近況を話しながら歩いていたら、女友だちが急にしゃがみこんだ。両手で耳を押さえて泣きだしたので心配になったが、その場所を離れたとたん正常にもどった。

「なにがあったのって訊いても、よくわからないっていってた。ただ耳鳴りがすごかったって。で、そのときは忘れてたんだけど――」

女友だちがしゃがみこんだ場所は、有名な心霊スポットだった。

現在は取り壊されているが、以前そこには「Kハウス」と呼ばれる廃墟があった。

建物は全面がガラス張りだったのがKハウスの由来で、なかにはピアノが残されていたから、夜中にそれが鳴りだすとか、女の幽霊がいるとか、さまざまな噂が流れた。

「いまはもう建物ないし、いわくつきの場所でもないみたい。むだ足になりそうやけど、忌み地の締切まで時間ないからいってみた」

今年の四月下旬、糸柳は電車を乗り継いで現地に着いたが、Ｋハウスがあったところはやはり更地になっていた。近くにいた五十がらみの男性に話を訊くと、Ｋハウスは東京に住む裕福な夫婦が建てたもので、別荘のように使っていたらしい。夫婦はときどきそこを訪れていたが、ある時期からぱったりこなくなった。

「そんで台風かなんかのときにガラスにヒビが入って、見た目が不気味になった。それでも持ち主は放っといたから、当然ヤンキーが集まって石投げだして心霊スポット完成みたいな感じやね」

男性によると、ネットに書かれているような怪異は聞いたことがないという。

古くからの住人がいる場所を男性に教わって、そこへ移動すると民家の駐車場で老婦人と中年の女性がしゃべっていた。Ｋハウスについて訊いたら、さっきとおなじような答えがかえってきた。

ただＫハウスが建つ前はおなじ敷地に空き家があって、子どもの幽霊が窓から覗いているのを近所の主婦が見たという。その主婦の所在はわからなかったが、空き家になる前は七十代の男性と息子夫婦が住んでいて、幼い子どもが亡くなったのを境《さかい》に引っ越したらしい。

糸柳は続いて子どもの幽霊について訊こうと、近くを歩きまわった。けれども、かなり昔のことだけに誰も知らないと答えた。

ある初老の男性は二十年ほど前、夜中に眼を覚ますと、真っ黒な顔で肌を剝きだしにした女が部屋に入ってきて肝を潰した。が、よく見たら、ずっと家出していた自分の娘で、真っ黒な顔は当時流行っていたガングロだったという。

「もうあかんから帰ろうと思うたら、べつの話が聞けた」

話をしてくれたのは三十代なかばに見える男性で、近くの家の庭に十年ほど前に亡くなった老人が佇んでいる。彼自身はそれを見ていないが、母親と妻の親戚は全員が目撃したという。

「そこは空き家になって、どのくらい経つんですかて訊いたら、いや住んでますよて。でも住んでる本人は、なにも気づいてないらしい」

その家は老人の死後、よそに住んでいた息子が移り住んでいると聞いて足を運んだ。古びたトタン壁の民家を訪ねると、五十がらみで愛想のいい男性が顔をだした。

老人の幽霊が佇んでいたという庭は雑草が生い茂っている。

両親は平気な顔で答えた。Ｆさんはおっとりした性格だけに、そんなものかと納得したが、そこは彼女の部屋になった。

引っ越しから何日か経った夜、その部屋で寝ていると生まれてはじめて金縛りに遭った。怖いというほどではなかったから両親にはいわなかったが、金縛りは毎晩のように続いた。

その夜、布団で寝ていたＦさんは不意に眼を覚ました。

しかし軀がまったく動かない。また金縛りだと思ったら、枕の下から誰かが髪の毛をつかんだ。次の瞬間、がんッ、と髪を下にひっぱられて頭が枕に沈み、首がのけぞった。怪異はそれで終わったものの、さすがに怖くてたまらなかった。

翌朝、両親に金縛りのことを話すと、

「あらあら、そうだったの」

「じゃあ、お祈りしようかね」

あいかわらず呑気《のんき》な答えがかえってきた。

両親はＦさんの部屋でお祈りをするという。クリスチャンだけに映画の悪魔祓いのようなシーンを想像したが、両親はふだんとおなじ祈りの言葉を唱《とな》えただけだった。

「こんなので効き目あるのかな」

Fさんは心配になった。けれども、その夜から金縛りはぴたりとおさまった。

Fさんは成人してから東京で暮らすようになった。

あるとき小学校の同窓会があり、ひさしぶりで沖縄に帰った。同窓会の席でかつての自宅――御札があった家の斜め前に住んでいた同級生と再会した。

同級生とは思い出話で盛りあがったが、話題はいつしか幼いころの怖い体験になった。Fさんが金縛りのことを話したら同級生は驚いて、自分も毎晩金縛りに遭い、枕の下から髪の毛をひっぱられたという。

その時期を確認すると、同級生が金縛りに遭うようになったのは、Fさんの両親がお祈りをしたあとだった。

「うちにいたなにかが、お祈りのせいで同級生の家にいっちゃったのかも――」

とFさんはいった。

ものが壊れる場所

これも糸柳が脚本家のRさんから聞いた話である。

二年前、Rさんは岐阜県に住む二十代前半の男性にズームで取材した。男性はその際に奇妙な体験を語った。

彼は両親と実家で暮らしている。実家は一戸建てでT市郊外の山の上にある。辺鄙な場所だけに民家はすくなく、至るところに古い墓がある。そのせいかどうか、実家では日常的に不可解な現象が起こる。

誰ともしれない人影が室内を横切る。夜中に足音や話し声がする。写真立てやゴミ箱が勝手に倒れる。彼が中学校三年のときは、亡くなった祖母の骨壺が夜になるとカタカタ震えた。

「あとはクローゼットの扉が勢いよく開いてびっくりするとか、テレビが勝手につくとか。冬場は電気ストーブも勝手につくけど、これはべつの意味で怖いんで、家族で外出するときはコンセントを抜いてました」

彼が高校生のころ、同級生が実家へ遊びにきた。同級生はそういう方面にくわしいようで、家に入ってくるなり廊下を見て、

「ここ、霊道になってるよ」

といった。不可解な現象には慣れっこだから驚きはしなかったが、

「こういう水気のものも、あんまりよくないよ」

同級生は熱帯魚の水槽を指さした。

男性と父親は熱帯魚の飼育が趣味で、室内にはたくさんの水槽がある。

「魚飼うのはやめる気なかったけど、廊下が霊道になってるっていうのは、やっぱそうかもなって思いました」

廊下の先はリビングだが、その突きあたりにものを置くと必ず壊れる。

あるとき、母親がそこに陶製の大きな人形を置いた。人形はひと抱えもあってずっしり重かったにもかかわらず、いつのまにか倒れて一部が割れていた。

「間取り的にはそこになにか置きたくなるのはわかるんですけど、ぜったい壊れるからやめたほうがいいのに――」

母親はいまだに懲りず、そこにものを置くたび、壊れることが続いているという。

フェンスの前の親子

今年の三月上旬、糸柳は大阪に住む知人から電話をもらった。

知人によると勤務先の同僚がつい最近、はじめて幽霊を見たという。同僚はI空港のすぐそばに住んでいて、毎晩川沿いの道を走るのが日課だった。

その夜、同僚がいつものように走っていたら、道のむこうに男の子がしゃがんでいた。男の子は空港のほうを見あげているが、飛行機は飛んでいない。

歩調をゆるめて近づいたら、不意に男の子が消えた。

「それだけの話やけど、おなじとこで男の子の幽霊を見たていうひとは、ほかにもおるねん。おれにその話をしてくれたのは、ばりばりのヤンキーやのに親子でびびり倒してた」

糸柳はちょうど関西から九州にかけて取材にいく予定だったので、新大阪にホテルを予約して男の子が目撃された場所へむかった。

川沿いの道に着いたのは夜で、あたりは暗く通行人はまったくいない。たまにジョギング中のひとが通るが、呼び止めるのは気がひける。しばらく川沿いを歩いていくと、高校生くらいの男の子が三人、河原にしゃがんでいた。

「声かけたら、めっちゃにらまれたけど、幽霊のこと訊いたら急に態度変わった」

三人にそういう体験はなかったが、彼らの同級生がI空港付近の土手で不審な親子を見たという。その土手は、I空港に離着陸する飛行機を間近に見られる場所として人気がある。同級生はおなじクラスの彼女と、ときどきそこでデートしたが、いつもフェンスの前に親子らしい女と幼い男の子がいる。

「子どもが飛行機好きなんだろうね」

と彼女はいった。

その日、同級生と彼女は夕暮れどきに自転車で土手を訪れた。フェンスのそばには、やはりいつもの母子がいる。そのときになって母子の服装がずっとおなじなのと、ふたりとも飛行機を見ていないことに気づいた。

飛行機が離着陸するとき、見物人はみな空を見あげるのに、母子はフェンスのほうをむいたままだ。不気味に思ったが、まわりに見物人もいるから怖いというほどではない。離着陸する飛行機やライトがきらめく滑走路を眺めて家路についた。

「あの親子の後ろに、もうひとりいたね」

帰り道で彼女はそういった。誰が？　と訊いたら、黒い布のようなものを羽織った男がいたというが記憶にない。

後日、同級生はI空港の近くで過去に母子の心中事件があったと聞き、フェンスの前のふたりではないかと思った。糸柳は事件が起きたとおぼしい場所にいってみたが、詳細はわからなかった。

ハイヒールの音

糸柳は大阪で取材する途中で、二十年ほど前に聞いた話を思いだした。

T市に四階建ての古いテナントビルがある。一階から三階までは飲食店で埋まっているが、最上階の四階はなぜかテナントが入っていない。暗くがらんとしたフロアには誰も使わない男女共用のトイレがある。

ある夜、三階のスナックに勤めていた若い男性が急な腹痛に見舞われた。早くトイレにいきたいが、あいにく客が入っている。いまにも漏れそうだから店をでて階段を駆けのぼり、四階のトイレに飛びこんだ。

用を足してほっとしていると、隣の個室のドアが開く音がした。いままで気づかなかったが、隣に誰かいたらしい。どこかの店の女の子だったら顔をあわすのが恥ずかしいから、男性は便座に坐ったまま誰かがでていくのを待った。

けれども手を洗う音もしなければ、トイレをでていく足音もしない。痺《しび》れを切らして個室をでると誰もいなかった。さっきの音は空耳だったのかと思ってトイレをでた瞬間、背後からカツカツカツとハイヒールの音が近づいてきた。

男性は怖くて振りかえることもできず、大急ぎで店にもどった。店のママにいまの出来事を話したら、それ幽霊ちゃうの、といわれた。

「四階は店だしてもすぐ潰れるし、空気が重いやろ。なんか変やと思うとったんよ」

それほど怖い話ではないから本には収録しなかったが、あのビルがどうなったのか気になって現地を訪れた。

ビルは名称が変わっており、三階は糸柳が取材にいった店を含めて一軒残らず潰れていた。しかも看板や装飾はすべてはずされ、壁にドアがならんでいるだけの奇妙なフロアになっていた。これでは店の雰囲気は皆無だから、もうテナントを募集する気はないらしい。

四階にあがってみると、昼間だというのにガールズバーが一軒だけ営業していた。フロアの写真を撮っていたら、その店から強面《こわもて》の従業員がでてきて、

「なんや」

ドスのきいた声でいって、こっちをにらみつけた。

「あ、いやテナントのチェックです」

糸柳は自分でもよくわからないことをいった。従業員は勝手に不動産の関係者だと思ったらしく、急に態度を軟化させて、

「このフロアで営業してんのは、うちだけっすよ」

三階はいつからテナントがなくなったのか訊くと、ガールズバーを開店する前から営業している店はなかったという。糸柳はトイレを指さして、

「そこは使うてます？」

「ずっと鍵かかってますねん。店にトイレあるからええけど」

しばらく話をしていると従業員は打ちとけてきて、

「誰か女の子いませんかね。うちでバイトするような」

「女の子足りないんですか」

「なんでか知らんけど、雇うてもすぐ辞めるんですわ」

従業員は、ふたりの女の子で店をまわしているから大変だといった。

糸柳は三階のことに話をもどして、

「どの店もドアだけになってますけど、なんに使うんでしょうね」

「それはわかりまへんけど、ときどき下で足音するから誰かおるんちゃうかな」

従業員は足音がするだけで、誰かがフロアに出入りするのは見たことがないとい

う。その足音って、と糸柳はいって、

「ハイヒールとちゃいますか」

「三階のは、ふつうの足音やね。ハイヒールの音がするんは」

ここからっす、と従業員は鍵のかかったトイレを指さした。

住宅街の路地で

糸柳はテナントビルの取材を終えて、二十年前にいったことのある食堂にいった。が、食堂はべつの店になっていたので近くを散策した。

あたりは住宅街で入り組んだ路地が続く。アパートの前でワンカップを呑んでいた中年の男性と眼があった。男性は酔っているのか、にこにこしている。

「大阪のああいうおっちゃんに話しかけるときは、タメ口がええねん」

糸柳はいきなり、幽霊でるとこ知らん？　と声をかけた。男性は笑顔で、

「あるある。そこらへんにでるで」

「そこらへんて、どこ？」

男性は不意に背中をむけると、アパートの窓をどんどん叩いたから驚いた。まもなく窓が開いて、二十代なかばくらいの男が顔をだした。どうやらそこは男性の自宅で、若い男は息子らしい。

「おい、幽霊てどこやったっけ」

男性がそういうと息子は首をかしげて、

「はあ？　なにいうてんねん」

「幽霊や。おまえがガキのころ、でるていうたやろ」

ふたりはしばらく言い争っていたが、やがて息子は父親の言葉を理解したらしく、下着姿でアパートからでてきた。息子によれば、すぐそばのマンションの前で若い女の幽霊が目撃されたという。

糸柳は親子と別れて、そのマンションにいった。建物は二階建てで特に変わったところはなかったが「大島てる」で検索したら、十六年前にそこで二十二歳の女性が交際相手の男に刺殺されたとあった。

当時の報道によると、殺人容疑で逮捕された男は「殺したのはまちがいないが、なぜ殺したのかはわからない」と供述したという。

昔のおばけと窓の首

糸柳は刺殺事件のあったマンションを離れて住宅街を歩いた。

「途中で顎《あご》マスクで爆笑しよるおばちゃん二人組がおったから、こらいけるやろと思うて声かけた。そしたら千里《せんり》にある橋に幽霊がでるていう」

糸柳はその場所を教わって千里へいった。橋はなかなか見つからなかったが、近くの住人に話を聞くと、橋で遊んでいた子どもが誰もいないのに川に突き落とされたとか、老人が橋から落ちて骨折したとか、そんな話がいくつかあった。

ようやく見つけた橋はちいさく、その下は川というよりコンクリートで固められた水路で水は流れていなかった。とりあえず写真を撮っていたら橋にいた老人が水路を指さして、あれ鳥かな、といった。

鳥ではなくゴミに見えたが、適当に返事をして、

「このへんに幽霊がでるて聞いたんですけど」

「だいぶ前に死んだ奴やろ」

くわしく訊こうとしたら、老人は無視して立ち去った。


糸柳が橋を離れて歩いていると、中学生くらいの男の子たちが路上でバッグを投げあって遊んでいた。さっきの橋のことを訊いても知らなかったが、こんな話をしてくれた。コロナ禍の影響で林間学校が中止になり、かわりに日帰りの林間学校体験という催しがあった。

そのとき校内で肝試しをしたら、誰もいない教室から声が聞こえると、五、六人の女子生徒が騒ぎだし、おどかし役で隠れていた教師たちも青ざめていたという。

ほかにはなにかないか訊いたら、男の子のひとりが、

「うちの姉ちゃんが見たいうてた。団地の窓から首がぶらさがってたて」

その首は窓から垂れて、ゆらゆら揺れていたという。

糸柳は団地の場所と棟番号を聞き、近くの公園で休憩した。

いままで聞いた話をメモ帳に書いていると、子どもが三人寄ってきて、

「なんで、そんな変な髪の毛なん」

「おっちゃん、なにしてんの」

口々に話しかけてきた。糸柳は両手を前に垂らして、

「おっちゃんはなあ、おばけ探しよるねん」

怖がるかと思いきや、子どもたちは平気な顔だった。ひとりの男の子が、

「おばけやったら、昔のおばけおるねんで」

「昔のおばけて、なに？」

そう訊ねたが要領を得ないでいると、その子の母親らしい女性が近づいてきた。男の子は彼女を振りかえって、なあママ、といった。

「昔のおばけおったんやんな」

大声で叫んだから恥ずかしくなった。

母親はうなずいたので、どういうことか訊いたら、

「すぐそこの神社で、昔の服着たおばけを見たて、近所の子がよういうてました」

「昔の服て、どんなんでしょう」

「ようわかりません。二年くらい前から、でらんようになったみたいで」

ほかになにか知らないか訊いたら、その神社のなかに防空壕があるという。

糸柳はさっそく神社にいくと防空壕のことを訊いた。

「この界隈《かいわい》の歴史について調べてるていうたら、社務所におった男のひとが案内してくれた」

その男性は五十年も神社にいるが、ずっと防空壕の存在は知らなかったという。

男性と神社の裏へいってみると、防空壕は竹藪《たけやぶ》の斜面に横穴を掘ったような形状で、ほとんど土に埋もれていた。

「防空壕が見つかったんは二年くらい前ていうから、おばけがでなくなった時期とおなじやなと思うた。関係ないかもしれんけど」

糸柳は神社をでたあと、首がぶらさがっていたという団地へいった。

これといって特徴のない古い団地で、昭和三十年代から四十年代に建てられたとおぼしい。団地の住人に何人か声をかけて幽霊の噂があるか訊いたら、みな露骨に厭な顔をした。

さっきの男の子の姉は窓から首が垂れていたといったそうだから、バルコニーがある側ではないだろう。建物の反対側には、トイレや浴室らしいちいさな窓がならんでいる。それを撮影してから「大島てる」で検索すると、次の投稿があった。

４０６号室
自殺（首吊りトイレにて）
近隣住民　幽霊目撃あり

佇むひと

大阪取材の翌日、糸柳は広島に移動すると、事前に取材を申しこんでいた男性とホテルのカフェで会った。男性の父親は若いころ建設関係の仕事をしており、仕事帰りに職場の同僚たちと一杯やるのが習慣だった。

夏のある夜、平和記念公園のそばを流れる川辺で同僚たちとベンチにかけて缶ビールを呑んだ。ふと同僚のひとりが立ちあがって、

「あの子べっぴんかもしれん。ちょっと声かけてみようかのう」

川辺にある柵のほうへ歩いていった。そこには誰もいないから不思議に思っていると、同僚は柵の前に立ってひとりでしゃべっている。

すこしして同僚は頭を指で掻きながらもどってきて、

「若い子かと思うたら、おばさんじゃった」

「おばさんもなんも、どこに女がおるんじゃ」

と訊いた。同僚は柵のほうを指さして、

「あそこにおるじゃないの。ほら、こっち見とる」

同僚に酔っている様子はなく、真顔でそういうから気味が悪くなった。あそこには誰もいないとみんなでいうと、

「なら、あの女はなんなら。あ、おらんようになった」

同僚もそうつぶやいて急におびえだした。

みんなはそのまま帰る気になれず、近くの居酒屋にいった。その店のカウンターでいまの出来事を話していたら、年配の店主が身を乗りだして、

「その女て、ぼろぼろの服着て髪が焼け焦げとったんじゃないの」

女を見たという同僚はかぶりを振って、

「いや、ふつうのひとじゃった」

「ほいでも、急に消えたんじゃろうが」

同僚はうなずいた。

「あがなところでひとりで立っとる子に声かけたら、いけんよ。あんたらも戦争でなんがあったか知っとろうが」

店主にそういわれて、ぞっとしたという。

線香の匂い

その日の夕方、糸柳は広島最大の歓楽街であるN川へいった。

いわくがありそうなビルや店がないか探したが、以前きたときよりも街並はきれいになって怪しい雰囲気は薄れている。

「話が聞けそうなひとおらんかなと思うて歩いとったら、ノーマスクで血の気が多そうな兄ちゃんがひとりで立っとった。ふつうは避けるやろうけど、ガラの悪いほうがそういう話持ってるから」

ちょっとすみません、と声をかけたら、白いジャージを着た男は地面にぺっと唾を吐き、なんね、といった。

「あの、このへんで起きた事件とか調べてるんですけど」

「事件？　事件てなんじゃ」

男は眉間に皺《しわ》を寄せると、鼻先がくっつきそうになるほど顔を近づけてきた。いま

にも殴ってきそうな勢いだから、作り話をするのが面倒になって、

「幽霊がでる場所を探してるんです」

「幽霊？　アホか、そんなもんおらんわ」

そのとき眼の前に黒塗りのベンツが停まり、あきらかにその筋とわかる黒いスーツの男がおりてきた。急いで立ち去ろうとしたら、

「こんアホ、幽霊探しとる」

とジャージの男がいった。スーツの男はバカにするでもなく、

「幽霊見たいなら××いきんさいや」

××が聞きとれないから訊きなおすと、男はなにかいったが、まわりの騒音のせいでまた聞こえない。何度も訊いたら怒るかもしれないので話題を変えて、

「このへんの店で、幽霊がでるて話はないですか」

「あったけど、だいたい潰れたの」

「コロナの影響ですか」

「コロナかどうか知らんけど、線香の匂いする店には近づくなていわれとる」

「線香の匂い？」

「おう、そがな店は幽霊がでるか店のもんが死ぬか、ろくなことがないけんのう。わ

しらみたいなもんは運が落ちたらしまいじゃけ、線香の匂いしたら近寄らんのじゃ」

その夜、糸柳はホテルの部屋でユーチューブのライブ配信をおこなった。

部屋は高層階で夜景がきれいだったから窓際で配信をはじめた。糸柳が短めの怪談を語ったり視聴者の質問に答えたりする内容だったが、不意に窓のむこうがチカチカ光りはじめた。

窓から覗いて見ると、誰かがライトをこっちにむけている。配信中にそれをいったら「場所特定されたか」とか「ストーカーじゃね」とかコメントが送られてきた。けれども高層階だけに誰かがいるのははるか下で、この部屋が見えるとは思えない。にもかかわらず、光はまっすぐこっちをむいている。

そのまま配信を続けていると一時間ほどして光は消えた。

翌朝になって光が見えた場所を確認すると、そこは病院だったという。

燃やすひと

糸柳は広島での取材を終えて、わたしの地元であるK市に移動した。

K市には、全国を震撼《しんかん》させた連続殺人事件が起きたマンションがあり、その付近には、なぜか事故物件が集中している。糸柳が現地を取材したいといいだしたことで、本書のシリーズははじまった。

糸柳は前に取材した場所の近くで、中年の女性に声をかけた。東京からこっちへ引っ越しを考えているが、治安はどうかと訊ねたら、

「住みやすいとこよ。物価も安いしね」

と女性はいった。糸柳は続けて、

「事件とか事故もすくないですか」

「あんまりないよ。近くのマンションで焼身自殺あったときは、消防車が何台もきて大騒ぎやったけど」

どこのマンションか訊こうとしたら、女性はなにか用事でも思いだしたのか急ぎ足で去っていった。

そのあと一戸建ての大きな家から七十がらみの男性がでてきたので、焼身自殺があったマンションのことを訊いたら、

「あの爺《じい》さんが悪いんよ」

意味不明な答えがかえってきた。

よく話してみると男性はマンションをいくつか所有する大家で、そのマンションの住人に七十すぎの老人がいたという。その老人は煙草の不始末やガスコンロの消し忘れなどで何度もボヤ騒ぎを起こした。ひとり暮らしで身寄りもないから大目に見ていたが、ほかの住人の苦情もあるから、

「次なんかあったら、でていってくれていうた。本人もわかったいうたのに、それからすぐ火ィだした」

老人は誰かが玄関のドアを叩いて、火をつけろといった。だから火事にならんよう、こっちで火をつけた、と支離滅裂なことをいった。

大家の男性が老人を退去させてまもなく、近くのマンションで焼身自殺が起きたという。老人と焼身自殺に関係があるのか訊くと、大家の男性はわからないと答えた。

焼身自殺があったマンションから二百メートルほど離れた場所で、昨年も焼身自殺が起きている。

明かりを消せない部屋

糸柳は二件の焼身自殺について「大島てる」で調べた。

その際に二〇一六年と二〇一七年に首吊り自殺が起きているマンションが近くにあるのに気づいた。マンションにいってみると、三十代前半くらいの男性がエントランスに入ろうとしていた。男性を呼び止めると、

「なんですか。借金取り？」

怪訝《けげん》な顔で訊かれて苦笑した。

近くの物件について調べているといったら、男性は糸柳を不動産業者と思ったらしい。糸柳は首吊り自殺のことは知らないふりをして、

「ここは事故物件とかあるんですか」

と訊いたら、ぼく住んでます、とあっさりいわれて面食らった。

男性は首吊り自殺があったことを承知で、その部屋に住んでいるという。なにか変

わったことはないか訊ねると、

「特にないけど、電気が消せんですね」

「やっぱり事件のことが気になるからですか」

「いや、そうやなくて電気消したら、見える気がするんですよ。なんかぶらぶらしとるのが——」

交際している彼女には事故物件であることは伝えていないのに、

「ここの部屋って電気消すのが怖いね、ていうけ、ぞっとしました。それからは、どの部屋も電気つけっぱなしです」

「それは不便ですね。この先もまだ住めそうですか」

「たぶん。ほかに自殺があった部屋は三つあるけど、みんなふつうに暮らしよるから大丈夫やないですかね」

このマンションの事故物件は「大島てる」に二件しか掲載されていないが、自殺があった部屋はもう一件あるらしい。男性はふと煙草に火をつけて、

「ほかの部屋も電気つけっぱなしなんやろうか」

マンションを見あげてそうつぶやいた。

事故物件のマンション　その後

糸柳が次に訪れたのは「忌み地」第一巻で取材した「封印されたアパート」だった。アパートの外観はあいかわらずで、窓は板でふさがれ階段には有刺鉄線が張ってある。

糸柳は近くの運送会社の前にいた男性に声をかけた。男性は五十がらみで近くに住んでいるという。封印されたアパートについて訊くと、

「あんまりいい話は聞かんねえ。なんか気味が悪いけ、夜は近寄らんようにしとる」

「幽霊がでるとか、そんな噂はありますか」

「それは知らんけど、いつやったか、すぐそこのアパートで大騒ぎがあったよ」

早朝にパトカーが何台も停まり、大勢の警官が路地を封鎖していた。なにごとかと思って見にいくと、アパートから中年男が飛びだしてきて警官に取り押さえられた。

「狐《きつね》が――狐が――」

男はそう叫びながら暴れ狂ったが、パトカーで連行された。男性といっしょに騒ぎを見ていた近所の主婦が溜息をついて、なしてやろ、といった。

「このへんはおかしなひと呼び寄せるけん、怖いわ」

男性からアパートの場所を聞いて足を運ぶと、以前取材にきたアパートだった。

糸柳はそこに住んでいた老婦人から、部屋で幽霊を見たという話を聞いた。ありふれた話だから収録は見送ったが、老婦人は亡くなったのか部屋の前の物干し竿には男物のTシャツが干してあった。

アパートを撮影して、いまきた道をひきかえすと封印されたアパートのそばで高齢の男性がスマホをいじっていた。男性は封印されたアパートに関してはなにもいわなかったが、幽霊なら嫁さんが見たよ、といった。

七年ほど前、近くのマンションでひとり暮らしをしていた老婦人が亡くなっているのが発見され、警官たちが遺体を搬送した。男性の妻は老婦人と顔見知りだっただけに、気の毒に思いながらそれを見ていたが、老婦人の部屋に眼をやったら、

「死んだ本人がベランダに立っとって、自分が運ばれるんをじーっと見とったって」

その場所はどこか訊いたら、男性はさっき通りかかった運送会社の隣にあるマンションを指さした。

糸柳は次に連続殺人事件が起きたマンションにむかった。

「忌み地」第一巻では「事故物件のマンション」と題して、事件現場の部屋から漏れる謎の光や窓辺を横切る人影などについて書いた。そのとき取材した女性に会いたかったが、連絡先はわからない。

マンションのベランダに洗濯物はなく、どの部屋も生活感が感じられない。建物を撮影していると、隣のコインパーキングで初老の男性が煙草を吸っていた。

糸柳は会釈して、このマンションって、といいかけたら、

「殺人事件のこと？」

男性は即座にそういった。マンションの住人は、いまどのくらいいるのか訊くと、

「ほとんどおらんと思う」

「なにか変なことでもあるんですかね」

「そらあるやろ。ああいう事件があったんやけ」

事件が起きた部屋の窓から見える光や人影のことを訊いたら、なぜか男性はしばらく考えてから、知らん、と答えた。

「あんなとこ住んどったら、具合が悪なる。怖くておられんちゃ」

おれから聞いたていわんどってよ、と男性は念を押して去っていった。

マンションの横にある細い路地を進んでいくと、垣根の手入れをしている老婦人がいた。マンションのことを訊いても無視されたので、垣根の薔薇《ばら》を褒《ほ》めたら、すこし機嫌がよくなった。家のなかから線香の匂いが漂ってくるので、仏壇があるとおぼしい。糸柳はそのことに触れて、寺とつきあいがあるか訊いた。

「寺は嫌いよ。うちは貧乏やのに、お布施やなんやで金かかるけ」

「じゃあ、あまり信心深いほうじゃないんですね」

老婦人はうなずいたが母親は信心深く、彼女が幼いころに不思議な現象を見せられたという。あるとき母親が指さすほうを見ると、

「仏さまが歩きよった」

仏さまは仏像のような姿で、ゆっくりと地面に沈んでいく。母親に仏さまはどこへいくのか訊いたら、亡くなったひとを助けにいくのだという。

「亡くなったひとって、誰なんでしょう」

ようわからんけど、と老婦人はいってから、

「たぶん炭鉱があったけやろ」

この地域にかつて炭鉱があったことは「忌み地」第一巻で書いた。

炭鉱は最盛期に二千人以上の労働者が働いていたが、出水事故で多くの犠牲者をだした。前述した連続殺人事件のマンションをはじめ事故物件やその付近は、地面を掘ったらすぐに水が湧く、大雨が降ると道路が冠水するといった住民の証言が多かった。「忌み地」第一巻で取材したKさん宅は地盤沈下を続けており、床下に坑道とおぼしい穴が発見されている。

今回はKさんを取材できなかったが、明治時代には大小いくつもの炭鉱があったというから、いまもこの地域の下に坑道が残っている可能性は高い。

朽ちはてた商店街

翌日、糸柳は宮崎県へ移動した。宮崎は土地勘もないが、K市で取材しているときに知りあった宮崎出身の男性から、市内の繁華街は人口のわりに事故物件が多いと聞いて興味を持った。

目的地に着いたのは夜で、ホテルにチェックインしてから繁華街へむかい、取材ができそうな店を探した。

「手はじめにはバーがいちばん無難やから、ショットバーに入った」

店内に入ると、カウンターのむこうに三十代後半くらいのマスターと女性従業員がいた。客は糸柳のほかに男性が三人いた。

マスターにどこからきたのか聞かれて、東京ですと答えたら、やけに驚いている。二十代後半に見える女性従業員も眼を見張った。

「関東からくる客は、めったにおらんみたいやった。なんのお仕事ですかて訊くから、怪談の取材て正直にいうて、このへんに心霊スポットみたいなところがあるかて訊いたら――」

女性は近くにさびれた商店街があって、そこでなにかあるといいかけたが、マスターは急に彼女の腕をつかんで店の奥へ入った。

まもなくカーテン越しに、ふたりが言い争う声が聞こえてきた。

「ほじゃかい、よけいなこというな」

「痛いッ。痛いってば」

「おれが先にあのひとと話しとったんやけ、おれが説明するのが筋やろ」

「痛いッ」

「おまえはなんべんいうたら――」

糸柳が首をかしげていると、隣にいた男性客が笑って、

「夫婦喧嘩です。いつものことやから気にせんでください」

すこししてマスターと女性従業員がカウンターにもどってきた。彼女は眉をひそめて夫をにらみつけている。

マスターはなぜか鼻血をだしていたが、それを気にする様子もなく、

「この近所にさびれた商店街があって――」

さっき女性従業員がいいかけたことを話しだした。

マスターによれば、その商店街の二階の窓に青白い光の球がときどき浮いているという。それをきっかけに客たちはその手の話をはじめた。

隣の男性は以前仕事でいった広島のN島は怖かったといい、べつの男性は高知県の心霊スポットのことを語った。マスターも負けじと最近コロナで亡くなったスナックのママが店にあらわれるといいだしたが、女性従業員がすごい形相で彼をにらみつけているのが気になって頭に入らない。

酔う前にその商店街へいこうと思って勘定をすませた。

バーをでると女性従業員が見送りにきたので、

「お客さんに聞いたけど、夫婦喧嘩は多いんですか」

「あのひと、あたしに説教しながら自分で自分を殴ってるんですよ」

女性はさっきとは一転して満面の笑みを浮かべている。

あの夫婦はなにかおかしいと思いつつ歩いていくと、ぼろぼろに朽ちはてた商店街があった。ほかの通りは明るいのに、このへんは暗くて人通りがない。

商店街をスマホで撮影していたら、ひとの気配がしたので振りかえった。路地のむこうにさっきの店のマスターが立っており、商店街を指さして笑っている。

糸柳は得体のしれない恐怖に駆られて、そこから走り去ったという。

五つ星ホテル

糸柳は朽ちはてた商店街を逃げだしたあと何軒かはしごしたが、使える話は聞けなかった。ホテルにもどる途中でコンビニに入りかけたら、

「その服、ぜったいジャケ買いや」

夜の商売らしい金髪の女性にそういわれた。

「ジャケ買いて、そもそもジャケット着てるんやし」

胸のなかでそうつぶやいてコンビニで買物をすませた。

そのあとホテルの部屋でユーチューブの配信をしてからベッドに入ったが、明け方に眼が覚めて空腹をおぼえた。食べものを買おうとホテルをでたら、コンビニの前にまだ金髪の女性がいて、

「あ、ジャケ買い」

と声をかけてきた。彼女の足元には缶チューハイの空き缶がならんでいる。

「ジャケ買い、ゆうべあそこにおったやろ」

女性はショットバーがある通りを口にして、なにしてたん、と訊いた。面倒くさいから、おばけ探してんねん、と答えたら女性はけらけら笑って、

「なんやそれ、マジ受けるわ」

訊いてもいないのに自分は大阪淀川《よどがわ》区の出身だが、彼氏が宮崎だからこっちにきたという。糸柳も十三《じゅうそう》に住んでいたことがあるから、それをいっても彼女は無視して、

「あたし霊感あるから、昔勤めとったホテルで幽霊見たわ」

どこのホテルか訊いたら、大阪にある五つ星ホテルの名称を口にした。いまの外見からは信じられなかったが、話の内容からすると事実らしい。

あるとき、チェックアウトの時間をすぎても応答がない部屋のドアを開けたら、宿泊客の中年男性が首を吊っていた。急いで上司に連絡をとり警察にも通報したが、そのあいだ男性から眼を離せず、しばらく見つめあっていたという。

「ちょっと前に死んだみたいで、ときどき軀が痙攣《けいれん》してた」

その後、男性が亡くなった部屋はきれいに清掃され、通常どおり客を泊めるようになったが、宿泊客からルームチェンジの要望が相次いだ。ホテルも事情を知っているだけに、すんなり要望に答える。

「せやから、なんかでるんちゃう」

彼女もその部屋に入ったとき、首を吊った中年男性をふたたび見たといった。

「こんどは幽霊やから、めっちゃ怖かった」

「なら、その部屋に泊まったら、幽霊でるやろか」

糸柳がそう訊ねると彼女は笑って、ほかの部屋もでるよ、といった。

「ニュースにはならんけど、飛びおりとかクスリとかで、ようさん死んでるから」

うろつくひと

その日の午後、糸柳は繁華街の居酒屋で昼食をとった。

店主は四十がらみの男性で、やはり関東の客は珍しいらしく、しきりに話しかけてくる。怪談実話の取材にきたと話したら、店主は博多《はかた》で働いていたころ、奇妙なことがあったといった。

店主は当時、中洲《なかす》のキャバクラに勤めていたが、ある夜、従業員の女性が店内をうろついていた。彼女はその日休みのはずだから、なにをしにきたのかと思った。女性はテーブルにつくわけでもなく、しばらく店内をうろうろしてから姿を消した。

翌日、刑事が店にくると彼女について訊いた。刑事によると、彼女は自宅であるマンションの部屋で死亡しているのが発見されたという。

死因は薬の過剰摂取とおぼしく、死亡推定時刻はゆうべ彼女が店にあらわれたころだった。従業員たちはその時間に彼女を見たと証言したが、つじつまがあわないから幽霊と考えるしかなかった。

糸柳は事故物件がらみの話がないか、店主に訊いた。

店主は常連客の若い男性が住んでいたマンションがおかしいといった。男性に聞いたところでは、そのマンションに住みはじめてから耳鳴りがひどく、部屋でなにかの気配を感じる。たまりかねて引っ越したとたん、耳鳴りはおさまり妙な気配も感じなくなった。

店主にマンション名を聞いて「大島てる」で検索すると、そこは事故物件で「1階の道路側の部屋から大量のハエが発生」と書いてあった。

日本兵

糸柳は大量の蠅《はえ》が発生したというマンションに着くと、建物を撮影した。

亡くなった人物の性別や死因は「大島てる」の投稿に書いてなかったが、事件があったとされる部屋の窓は紙でふさがれていた。付近は事故物件が多く、なかでも自殺が眼につく。

糸柳はあたりを歩きまわって、車を磨いていた中年男性に声をかけた。男性によると父親が以前売却した土地が近くにあり、そこで軍服姿の日本兵を見たという噂が流れたという。

日本兵があらわれるのは深夜で、決まって背中をむけて立っているから顔はわからない。軍帽をかぶり腰に手ぬぐいをぶらさげている。

当時その土地は駐車場として使っていたが、歴史を調べても過去に事件や事故があった形跡はなく、日本兵があらわれる原因は不明だった。

父親は噂を気にしてかどうか、その土地をある宗教団体に売った。日本兵の噂は、それを境に聞かなくなったという。

笑い声がする部屋

糸柳は日本兵があらわれたという土地を撮影し、住宅街を歩いた。

家の前を掃除している五十がらみの女性がいたので、不動産関係者を装いつつ本題に誘導した。女性は大量の蠅が発生したというマンションや日本兵の噂は知らなかったが、二十四歳の長男が以前住んでいたアパートで不可解なことがあったという。

アパートの部屋はワンルームで、長男はひとり暮らしだった。長男はそこに住みはじめてまもなく電話をかけてきて、

「夜になると女の笑い声がするっていうんです。わたしはそういうのを信じてないから、夢を見たか寝ぼけてるだけよっていったんですけど――」

その日、長男は朝の五時に真っ青な顔で帰ってきた。

長男はまた部屋で女の笑い声がするから、証拠を残そうと思ってスマホで録音した。笑い声はそのうちやんだが、こんどはスマホのアプリが勝手に起動して笑い声を

繰りかえし再生するようになった。長男は部屋にいるのが怖くてたまらず、帰ってきたといった。

「わたしも怖くなったから録音した声は聞いてないけど、主人はそれを聞いて、たしかに部屋のなかで笑い声がするな、って青ざめてました」

それからまもなく長男はべつのアパートに引っ越したという。

女性にアパートの場所を聞いて「大島てる」で検索すると、複数の部屋の住人が怪現象を目撃したという投稿があった。

糸柳は道に迷った末にそのアパートを見つけたが、建物に近づいたとたん、車が勢いよく駐車場に入ってきたせいでバンパーが腰にぶつかった。幸い怪我はなく車に傷もつかなかったが、車からおりてきた男性は平謝りにあやまった。

男性は二十代なかばくらいで、このアパートに住んでいるというから、なにか変わったことはないか訊いた。男性は特にないと答えたが、スマホで「大島てる」の投稿を見せると、急に態度を変えてこっちをにらみつけ、

「これからは車に気をつけてくださいね」

それだけいってアパートに入っていった。

とり憑かれたテナントビル

　その夜、糸柳は夕食がてら焼鳥屋にいった。カウンターで生ビールを呑みながら、きょう取材した場所や内容をメモ帳にまとめていたら、隣にいた水商売風の女性が話しかけてきた。

「近所のスナックのママで、おれを自分の店に誘うから適当にごまかしてたら、メモ帳覗かれて、幽霊ってなに？　って訊かれた」

　糸柳は怪談実話の取材をしていると答えて、そういう話を知らないか訊いた。女性はゆうべ見にいったぼろぼろの商店街のことを口にしたが、やはり二階の窓から光の球が見えるというだけだった。

「ほかにないか訊いたら、幽霊にとり憑かれたテナントビルがあるていうた」

　そのビルで事件や事故があったわけではないらしいが、ある時期から建物のあちこちに幽霊がでるようになり、店の経営者や従業員たちの噂になった。

「はじめは幽霊がでる店は儲かるていうてたけど、客が怖がって寄りつかんようになったらしい。おれの隣におったママがどんな幽霊か訊いても、みんな教えてくれんていうとった」

そのビルは次々にテナントが減って、廃墟のようになったという。

いささか余談めくが、わたしがはたちのときに解体にいった風俗店も幽霊が原因で潰れた。その店もはじめは大繁盛していて、開店からまもなく訪れた僧侶からも、ここは流行るでしょうといわれていた。

糸柳は焼鳥屋をでてから問題のビルにいってみた。テナントビルというよりマンションのような雰囲気で、さっきの女性がいったとおり営業中の店舗はすくなかった。ビルを観察していたら、人相の悪い男が近づいてきて、

「なんしよっと？」

と訊いた。ここに幽霊がでると聞いたから見にきたと答えたら、

「ああ」

男はそういって踵をかえしたが、べつの男が路地の奥からこっちを見ていたので、糸柳は急いでその場を離れた。

光るひとびと

糸柳はきょうの取材を終えるつもりで、宿泊先のホテルに近いバーにいった。

十五人は坐れそうな長いカウンターのある店で、四十がらみのマスターと女性従業員が四人いた。店に入ったときは大勢の客でにぎわっていたが、深夜になって客は減り、従業員も三人帰った。

マスターにどこからきたのか訊かれて、東京だと答えたらまた驚かれた。ついでに取材を試みると、マスターは自分の祖父が広島のN島に住んでいたころ、怖い体験をしたらしいといった。宮崎に着いて最初に入ったバーの客も、N島は怖かったといっていたので詳細を聞きたかったが、そこまではわからないという。

「ほかになんかあったかなあ」

マスターは考えこんでから急に手を叩いて、ありましたッ、と叫んだ。マスターは自転車で通勤していて、帰りはいつも午前三時ごろになる。

ある夜、自宅へむかっていると、道路のむこうのバス停に老婆がぽつんと立っていた。こんな時間に老婆がひとりでバスを待っているのは、あきらかに不自然である。そのときはなぜかそう思わなかったが、老婆に近づくにつれ、ぞくぞくと寒気がしてきた。あたりは真っ暗なのに、着物姿の老婆はやけにはっきり見える。

「なんで、こんなにはっきり見えるんやろ」

自転車を停めて眼を凝らすと、その理由がわかった。

老婆は、軀全体が青白く光っている。

怖くなったマスターは繁華街へひきかえすと、知りあいの店で朝まで呑んだ。それ以降もおなじ場所で高齢の男を見たが、やはり青白く光っていたという。

残っていた客が帰って、カウンターにいるのは糸柳だけになった。さっきまで客の相手をしていた女性従業員がグラスの片づけを終えてこっちにきたから、

「なんか怖い話知らん？」

とマスターが訊いた。

最近この店で働きだしたという彼女は、いま親と住んでいる団地に怖い部屋があるといった。その部屋に越してきた家族は愛想がよく仲もよさそうだが、しばらくすると喧嘩が絶えなくなる。幼い子どもがいる場合、虐待しているとしか思えない泣き声

や怒声が聞こえてくる。

「みんな一年も経たないうちに引っ越していきます。それがもう何年も続いてるから幽霊でもいるんじゃないかって話になって――」

「でも誰か幽霊を見たわけじゃないんでしょ」

とマスターがいった。彼女はうなずいて、

「うちの団地はそうですけど、わたしは見ました」

彼女も店の行き帰りは自転車に乗っているが、何日か前にバス停で青白く光っている老婆を見たという。マスターが顔色を変えて、

「たったいま、おれもその話してた」

「わたしが見たのは××の隣のバス停のあたりですけど」

××は携帯電話のショップで、マスターが老婆を見た場所とまったくおなじだった。ふたりは真っ青になったが、糸柳は使えそうな話が聞けたと喜んだ。

翌日、糸柳はそのバス停に足を運んだ。そこは正確にいうとバスターミナルで、隣には××のショップがある。しかもバスターミナルは、女の笑い声がするというアパートから歩いて五分ほどの距離だった。

ふたりが青白く光る人物を見たという場所を確認すると、バスターミナルと××のショップのあいだに細い道がある。そこに入ると、まもなく道はふたつにわかれた。ひとつは駅に、もうひとつは葬儀場に通じていたという。

N島

糸柳は宮崎空港から飛行機で博多へ飛び、そこから新幹線で広島へもどった。

宮崎で二度も耳にしたN島が気になったので、取材にいくのが目的である。N島へはフェリーでいくから、広島駅に着くとタクシーで広島港へむかった。

途中の車内で、初老の運転手と世間話をした。ついでにタクシーで怖い体験はないか訊いた。運転手はそういう体験はないといいつつも、

「Tていう焼き場があるんじゃが、夜中にその前を通ったら、いつも誰かが立っとるて仲間がいうとった。ぼーっと光っとるとかなんとか――」

宮崎で聞いたのに近い話をしてくれた。

やがて港の景色が見えてきたころ、あ、と運転手はつぶやいて、

「もしかして、お客さんはN島にいきなさるんか」

「ええ、そうですけど」

「気ィつけんさいや」

「なにかあるんですか」

「怖いよ」

運転手はそれきり口をつぐんだ。


広島港でタクシーをおりてフェリーの乗船券を買った。フェリーがでるまで時間があるので、旅客ターミナルのうどん屋で食事をした。

「あそこはなんもない、さびしいところよ」

従業員の中年女性にN島について聞くと、そう答えた。近くの席にいた七十がらみの男性が会話に加わってきて、

「戦時中はあそこに高射砲陣地があった。原爆落とされたときは、ものすごい数の怪我人が野戦病院に運びこまれたけど、ほとんど助からんやったそうじゃ」

糸柳もここへくるまでに調べたから、N島についてある程度は知っている。

日清日露戦争時、帰還兵の検疫をおこなう検疫所がN島に開設された。先の大戦で広島に原爆が投下されると、その検疫所が臨時野戦病院として一万人におよぶ負傷者を収容したが、七割以上が亡くなったといわれている。

死者が急増して火葬場では焼却が追いつかず、軍馬の検疫をおこなっていた馬匹《ばひつ》検疫所の焼却炉も使用され、多くの遺骨は身元不明のまま島内に埋葬されたという。

フェリーの出航時刻が近づいて、船着場にいくとベンチに小柄な老婦人がかけていた。眼があったら薄く笑ったので話しかけた。

「おばあちゃん、広島のひとですか」

「うん」

「おれは東京からきたんですよ」

「うん」

なにをいってもうんとしかいわないので、幽霊見たことありますか、と訊いたら、老婦人は海のむこうに見えるN島を指さした。

N島は思った以上に閑静なところだった。

港にはぱらぱらと人通りがあったが、一歩路地に入ると商店もなければひとの気配もない。細い路地には土壁の民家や土蔵、苔むした石垣をめぐらせた古い木造家屋などがあり、歴史を感じさせる。

糸柳は取材どころか通行人すら見つからぬまま、あてもなく歩き続けた。

しばらくして民家の前に四十がらみの男性がいたから急いで声をかけ、島の暮らしについて訊いた。

島民は広島で働く者も多く、フェリーは日常的な交通手段らしい。人口は昭和四十年代をピークに減少し、少子高齢化が進んでいる。ここ数年はコロナ禍の影響で観光客もすくなく、島はさびれる一方だといった。

そういう話をしたあとで本題に入ると、男性の父親が若いころに奇妙な体験をしたという。父親が当時つきあっていた女性が島へ遊びにきて、自宅に泊まった。けれどもその夜、父親と喧嘩になって彼女は家をでていった。

夜中にいくところなどないだけに、心配になった父親は彼女を捜しにいった。海沿いの真っ暗な道を歩いていると、背後から足音が聞こえた。てっきり彼女だと思った父親はまた腹がたってきたので振りかえらずに歩いた。

が、足音は追いついてくる様子もなく、一定の距離をおいている。不審に思って足を止めると、背後の足音も止まった。振りかえっても、相手が誰なのか暗くて見えない。ただ足の動きがよたよたしているので、彼女ではないと気づいた。

怖くなって足を速めたら、背後の足音もぱたぱたと速くなる。父親は足音が聞こえなくなるまで二時間以上も歩き続けた。くたびれはてて家に着いたら、彼女はとっくに帰っていたという。

「足音がついてくる話はたまに聞くけど、そんなに長くあとをつけられたら怖かったでしょうね。いままでで最長とちゃうかな」

糸柳がそういったとき、玄関の引戸ががらりと開いて、当の父親がでてきたから肝を潰した。いまの話を聞いていたのかと男性が訊ねたら、父親はうなずいて、

「ここは、そがいな島じゃけのう」

ふたりに礼をいって歩きだすと、父親の声があとを追ってきた。

「どこいくか知らんが、古いもんには触らんほうがええぞ」

糸柳はかつて臨時野戦病院として使われた検疫所跡にむかった。先の大戦中、検疫所は馬匹検疫所を含めて島内にふたつあった。ひとつはコロナ禍の影響で立ち入りが制限されており、見ることができなかった。

馬匹検疫所の遺構を撮影したあと、近くにいた中年の女性に話が聞けた。数年前の夏、女性は遺構で煙のようなものを見た。煙といっても上に立ちのぼるわけではなく、以前は焼却炉だったあたりにもやもやと浮かんでいる。大きさは一メートルくらいで、それがいくつもある。

「その煙を見たとき、空気の色が変わったみたいで気持悪かったです」

糸柳は馬匹検疫所で焼却炉の遺構を撮ったとき、そのむこうの森から視線のようなものを感じたといった。

「おれはそんなん感じんほうやし、まわりには誰もおらんはずやけど、なんか気配がするんよ。いやマジで」

糸柳は広島へもどるフェリーの時刻を気にしつつ島を歩きまわった。

スーパーやコンビニは一軒もなく、通行人はめったにいない。誰かに会った瞬間を逃したら、次はいつになるかわからないので必ず話しかける。そんなことを続けていると、当然ながら不審に思われたらしく民家の窓から何人かがこっちを見ている。

このままではまずいと焦っていたら坂道に軽トラックが停まっていて、中年の男性がふたり煙草を吸っていた。糸柳はすがるような思いで声をかけ、島の歴史を調べているといった。

ふたりの男性は土木関係の仕事をしているが、島の土地を掘りかえすと、あちこちから大量の人骨がでてくるという。そんな場所が発見されると、島民のなかにはやっぱりなと納得する者がいる。

「そういうところは天気がええ日でも、なんか薄暗いていうとった」

男性のひとりが語ったところでは、最近も土地がらみで不思議なことがあったという。知人の息子に十五、六歳の少年がいて、夏休みにこの島に泊まっていたが、いつのまにか島に住んでいる同年代の少女と仲よくなった。

ある夜、少年は少女を連れだして森に入った。人目につかない場所へいこうとしたら森の奥へと迷いこんだ。あたりは真っ暗で方角がわからない。どっちへ進めばいいのか悩んでいると、少女が少年の背中を指でつついて、

「あっちにひとがいる」

いわれるままに歩いていくと、不意に足がすべって急な斜面を転げ落ちた。けれども軀を起こしたら、街灯の明かりが見えたからほっとした。

少女は夜目がきくのか転びもせずに斜面をおりてきて、

「あれ？　さっきまで、ここにたくさんひとがいたのに――」

そういって首をかしげている。彼女によれば、昔の服を着たひとびとが斜面の下に佇んで、こっちを見あげていたらしい。

「あのあたりはいつも暗いけん、なんかあるとじゃろう」

と男性はいった。

糸柳はその場所がどこか訊いたが、森のなかだけに目印がなく、はっきりわからなかった。男性たちと別れたあとスマホの地図で調べると、それらしい山がある。

「適当にいってみたら、おれも迷った。途中で海が見えるとこもあったけど、そのまま進んだら崖から落ちそうやから、もとのほうへもどるしかない。こうなったら下におりようと思うて――」

ひたすら斜面をくだっていたら、足がすべって藪のなかを転げ落ちた。

さっきの話とおなじやないかとぼやきつつ、立ちあがって服の汚れを払っていたら、眼の前に立て札があり、それには「この場所で発掘された遺骨・遺品数　遺骨57体　遺品27点」と書いてあった。

水着の女

四年ほど前、糸柳はUさんという女性から、こんな話を聞いた。

その日の午後、Uさんは会社の講習会に参加するため、埼玉県のN駅にいった。会社の車が迎えにくるから駅の西口で待っていると、ロータリーに不審な男女がいた。男は背が低く派手なスーツを着て、駅からでてくる女性に声をかけている。いっしょにいる女はさらに背が低く、ワンピースの水着姿だった。髪は腰まで届くほど長く、肌は黒く日焼けしている。季節は冬だったから、

「あんな恰好《かっこう》で寒くないのかな」

とUさんは思った。

男は女性に声をかけるとき、正面ではなく必ず背後にまわってから声をかける。なにかの勧誘らしいが、内容はわからない。女はなにもしないで男の後ろに立っているだけなのが奇妙だった。

何か月か経って、Uさんはおなじ場所で友人と待ちあわせをした。スマホを見ながら、ときどき駅に眼をむけていると、また水着の女がいた。この前とはちがう男がいっしょにいて、駅からでてくる女性に声をかけている。

女の水着は前とおなじだから変だなと思っていたら、ふたりがすぐそばにきた。男は駅からでてきた女性に、ねえねえ、ちょっといい、と後ろから声をかけている。水着の女はなにもせず、男の後頭部を凝視している。よく見たら水着ではなく、薄汚れた下着のようだった。肌も日焼けではなく不気味に黒ずんでいる。

男がそばを離れると、女はすうっとあとをついていった。そのとき女の背中を見たら、背骨がくっきり浮きでており、足が地についていないようにも思えたが、怖くて見るのをやめた。

糸柳がユーチューブのライブ配信でこの話をすると、友人がN駅の西口でおなじ女を見たと視聴者から連絡があった。

「それからだいぶ時間経ってるけど、ちょうど取材があったからN駅の近くで待ちあわせた」

今年の五月上旬、糸柳はN駅の西口付近をまわって話を聞いた。
その結果、水着の女とおぼしい目撃情報が三件あった。

手を振る女

N駅の西口付近をまわったあと、糸柳は待ちあわせ場所の喫茶店にいき、Dさんという男性と会った。Dさんは三十一歳の会社員で、以前はN駅から近いマンションに住んでいた。

三年前、Dさんはひさしぶりに会った友人と呑みにいった。何軒かはしごしたあと駅にむかって歩いていたら、

「おい、あれ見ろ」

友人が急に足を止めて前方を指さした。マンションの非常階段に女が立っていて、手を振っている。そこは高架下だったのでDさんは首をかしげて、

「あれはおれらに手を振ってるんじゃなくて、上の道路に誰かいるんだろ」

友人はおれたちだといいはり、手を振りかえした。が、女は手を振っているだけで近づいてはこない。暗くて顔もよく見えないから関わらないほうが無難である。

ふたりはふたたび歩きだして家路についた。

Dさんは自宅に帰ってシャワーを浴びた。浴室からでてスマホを見たら、さっきの友人から何度も着信があった。なにかと思って電話すると、

「さっき手を振ってた女、白いスカートだったか」

友人はおびえた声でいった。おぼえてないと答えたら、

「いまマンションの下にいるんだよ」

友人の部屋は三階で、帰宅してカーテンを閉めようとしたら、女が道路に立っていた。女はこっちを見あげて手を振っている。あわててカーテンを閉めたが、気になってしかたがない。

照明を消してカーテンの隙間から覗いたら、女はまだおなじ場所にいて、こっちに手を振っているから、ますます怖くなったという。

「おまえが手を振ったから、ついてきたんじゃねえの」

Dさんは笑ったが、友人は真剣に怖がっていて、

「街灯の光が女にあたってるのに顔が見えねえんだ」

「なんだかわかんねえけど、もう見るな。外にでなきゃ大丈夫だろ」

友人はそうすると答えて電話を切った。あとで友人に聞いたところでは、女はそれ

以降あらわれず、変わったこともないという。

糸柳はDさんの案内で、女が立っていた非常階段のあるマンションにいった。そこはN駅の西口から近く「大島てる」で検索すると、隣のビルで飛びおり自殺が起きていた。

Oさんがいるアパート

Dさんが N駅のそばに住んでいたころ、パトカーや救急車がしょっちゅう停まっているアパートがあったという。

糸柳はDさんといっしょにそのアパートにいった。アパートは四階建てで、建物はかなり老朽化していた。近くに住んでいる主婦に話を聞くと、外国人の住人が多くてトラブルが絶えず、強面の男たちが出入りしているらしい。

「見にいくつもりなら、やめたほうがいいよ。関わらないのがいちばん」

と主婦はいった。怖さの意味がちがうようにも感じたが「大島てる」には炎のマークがいくつもついている（特定を避けるため、数と詳細は伏せる）から取材したい。

アパートの前までいくと、ちょうど中年の男性がでてきた。このアパートのかたですか、と糸柳が訊いたらうなずいた。

「ここってトラブルが多いって聞いたんですけど——」

「そんなのはOさんに訊いて。二階の事務所にいるから」

「そういうこと訊いても大丈夫なかたですか」

「大丈夫大丈夫。いろいろ教えてくれるよー」

男性は自転車に乗って、どこかへいった。

恐る恐るアパートに足を踏み入れると、そこはロビーのような空間で、汚れた靴を脱ぎ散らかした下駄箱、革が破れたソファ、吸殻が山盛りの灰皿、何台も折り重なった自転車があった。奥にある部屋はドアが開けっぱなしで、外国語の怒鳴り声が聞こえてくる。Dさんは異様な雰囲気に気圧《けお》されたのか、

「それじゃ、もう帰ります」

そそくさとアパートをでていった。

糸柳は階段をのぼって二階にいった。廊下の床は煙草の焼け焦げだらけで、饐《す》えた臭いがする。廊下の突きあたりにパンツ一枚で膝を抱えた老人がいて、ゆらゆら左右に揺れている。

事務所らしい貼り紙のあるドアをノックすると、はい、と男の声がしたから、思いきってなかに入った。室内は段ボール箱とゴミが山積みで、事務用のデスクのむこうに六十がらみの男性がいて、スマホで誰かとしゃべっている。

「だから折りかえし連絡待つしかなかったんだよ」

男性は尖った声をあげて電話を切ると、どんよりした眼をこっちにむけて、

「なに？」

「あの、Oさんですか」

「だからなに？」

「あの、このへんで取材を――」

そういいかけたら、おたく誰なの？　名刺は？　なにが聞きたいの？　とOさんは矢継ぎ早に質問をしてくる。糸柳はそれに適当に答えて、この界隈の治安について調べているといった。

Oさんはあきれたように鼻を鳴らして、

「おたくがいうようなトラブルなんてないよ。われわれは、みんなが仲よく暮らせるよう努力してるんだから」

「こちらには外国のかたも住んでるようですが――」

「昔は外国人のトラブルが多かったけど、最近揉めるのは日本人ばかり。警察沙汰もぜんぜんないし、いいひとばかりで平和だよ。そりゃ人間だから喧嘩もときどきあるけど、そんなにたいしたことにはならないよ」

話のつじつまが微妙にあっていないが、相槌《あいづち》を打って会話を続けると、

「年寄りが自殺して身寄りがわからないときは、こっちで片づけるのはあたりまえ。ナイフとか包丁で対応したら大丈夫。でも警察はわれわれのいいぶんを聞かないから腹がたつね」

さらに話がおかしくなってきた。糸柳は怪談のほうへ話をもっていきたくて、

「お祓いなんかはされるんですか」

「お祓いはしないけど、あいつらはなぜタイにいく旅費をだせっていうのかね」

「タイに聖地があるからじゃないですか」

「そうなんだー。あいつらはきれいにした壁から血がでてくるっていうから意味わかんなくて。血がでてくるんだけど」

Oさんはそういいながら、こっそりデスクの引出しを開けて、なかに手を入れた。

糸柳は極度に緊張しつつ、なるほど壁から血が、といって、

「そういう部屋ってあるんですね」

「年寄りが死んでも部屋にいられると困るからさ。次に住んだ奴が文句いうのはわかるけどね」

そのとき部屋の奥から上半身裸の老人がよたよた歩いてきて驚いた。が、Oさんの

眼はこっちを見据えている。これ以上、ここにいてはいけない。糸柳はそんな直感から早口で礼をいって部屋をでた。

急ぎ足で廊下を歩いていたら、ふたりの中年男が怒声をあげてつかみあいをしながら階段をおりてきた。ふたりが邪魔で階段をおりられない。

もしOさんが追ってきたら、どこから逃げようか。

焦ってあたりを見まわしていると、天井に太いロープがダクトテープで貼りつけてあった。ロープの端は天井の梁《はり》に結びつけられ、もう一方は輪っかになっている。その輪っかは、どう見ても首吊りに用いる形状だった。

これは誰かが使ったあとなのか。それともこれから使うのか。

忌まわしい想像に戦慄していると、階段で揉みあっていたふたりが床に転げ落ちた。糸柳はすかさず彼らをまたぎ越してアパートをでた。

路地を歩きながら振りかえると二階の窓が半開きになっており、Oさんが無表情でこっちを見つめていた。

死にたくなる部屋

糸柳はOさんがいたアパートをでたあと公園で休憩した。

「あのアパートがトラウマになって、しばらく動けんやった」

公園には二十代後半に見える女性がふたりいて、幼い子どもを遊ばせている。糸柳は気をとりなおして声をかけ、このへんの治安について訊いた。すると外国人どうしの喧嘩が多く、最近も駅前で刃物を振りまわす事件があったという。

女性のひとりはすこし前に住宅街で火事があり、燃えている家のなかからすさまじい悲鳴が聞こえて野次馬が凍りついたといった。悲鳴をあげたのが、その家の住人かどうかはわからない。

糸柳は火事のあった家の場所を聞いて足を運んだ。なにも収穫はなかったが、声をかけた老婦人が眼の前のアパートを指さして、

「そこは殺人があってから変よ」

事情を訊くと、八年ほど前にそのアパートで七十代の夫婦が殺害された。事件が起きたのは二階だったが、真下の部屋がおかしいという。

冬の夜、アパートの前を通りかかると、パジャマ姿の若い女性が泣いている。どうしたのか訊いたら、怖くて部屋にいられない、と彼女はいった。

侵入者でもいるのかと思ったら、彼女がすでに通報したらしく警官がふたりきた。警官は一階の部屋に入ってから、すぐにもどってきて、

「なにもいないよ」

といったが、彼女はかぶりを振って、

「よく調べてください。ぜったいにいるんです」

老婦人はまもなくその場を離れたから、女性がなににおびえていたのかわからない。後日そのアパートの前を通ると、女性の部屋は空室になっていた。

「それから注意して見てるけど、住んでるひとがしょっちゅう替わるみたい」

老婦人が近くに住む知りあいの主婦にその話をすると、二階の部屋のドアの前にひとが立っているのを何度か見たといった。見たのは夜だから暗くて性別はわからないが、部屋のドアに張りつくように直立していたという。

糸柳はそのアパートの前までいってみた。

建物は二階建てで築年数はかなり古い。「大島てる」で検索すると、殺人事件が起きた真下の部屋は、告知事項あり、と投稿があった。

近くで炎のマークが多い物件を探したら、首を吊り自殺。その後の入居者も同様の方法で自殺、という投稿があったので、そこへ移動した。

そのマンションは大きくて築年数も新しく、明るい雰囲気だった。

スマホで写真を撮っていると、近くの店から中国人らしい中年男性がでてきて、

「なにしてるか」

妙なイントネーションで訊いた。糸柳は事故物件を調べているといい、マンションについて訊いたら、男性は店にもどって見慣れない菓子を持ってきた。男性はそれを糸柳に渡して、

「おなじ部屋、自殺三回あった」

「え？　二回って聞いてますけど」

「三回よ」

「どうして知ってるんですか」

「お客さんお客さん」

どうやらマンションの住人が客で、その人物から聞いたらしい。男性は続けて、

「死にたくなる部屋いっぱいある」

「そうなんですか」

「黒い××がきて、みんな首くくる」

××は聞きとれなかったが、男性はうれしそうに首を吊るポーズをとって、

「死んだひと呼ぶから、その部屋住むね」

妻らしい女性が店からでてきて、男性と中国語でしゃべりだした。ふたりはうなずいたり大きな声をあげたりするが、さっぱり意味がわからない。なにを話しているのか訊いたら、

「おなじ部屋、自殺三回すくないけど、なかに入るだめね」

「ぜんぜんすくなくないと思うけど、どうしてですか」

「悪い空気、軀に入る」

糸柳はOさんがいたアパートで懲りているから、いわれなくともマンションに入る気はせず駅へむかった。

「Oさんのアパートもあちこち写真撮ったけど、これはぜったい載せられんな」

あの街には当分いけへんで、と糸柳はいった。

桟橋の少年

　糸柳は以前、埼玉県の居酒屋で、二十代なかばの男性からこんな話を聞いた。

　数年前の夏、彼は友人たち六人でドライブにいった。その帰りにある公園に寄ると、女性のひとりがベンチを指さして、

「あそこに幽霊がいる」

　と騒ぎだした。

　彼女は日ごろから霊感があると自称していたが、ベンチには誰もいない。気のせいだろうといったら、彼女はそばにいた男性の腕をつかんで、

「なんで見えないの。ほら、あそこよッ」

　と叫んだ。とたんに腕をつかまれた男性は悲鳴をあげて走りだした。てっきり冗談だろうと思ったが、男性は車に乗っても真っ青な顔で震えている。

「あたしが腕をつかんだから、見えたのかも」

霊感があるという女性はそういった。

ほかのみんなもしだいに怖くなり、カラオケボックスで朝まですごしたという。さして珍しい話ではないがネットで調べたら、ずいぶん前のテレビ番組でその公園の木に顔が浮かんでいると放送されたことがあるらしい。

Oさんのアパートを訪れた翌日、糸柳は件《くだん》の公園にいき、そこにいたひとびとに取材を試みた。けれどもベンチやその付近で怪異があったという話はない。ただ公園内の池で、すこし前に男性の遺体が発見されたと聞いた。

公園の案内図を見ると、池の名称はボートに乗れるような印象だったが、実際にいってみると船のたぐいはなかった。池のほとりで二十代前半くらいの女性ふたりに声をかけたら、ひとりがこんな話をしてくれた。

彼女の同級生が近くに住んでいて、同級生の姉が犬の散歩でこの公園にくる。夏のある夜、犬を連れて公園を歩いていると、犬が興奮して池のほうへいこうとする。

「どうしたの。そっちじゃないでしょ」

彼女が止めても犬はいうことを聞かない。リードをひっぱられるまま池にむかったら、池にせりだした桟橋に着いた。そこに少年がぼんやり腰かけている。

時刻はもう十時だから不審に思って、

「ぼく、そこでなにしてるの」

少年はぎくりとした様子だったが、わけを訊いたら母親に叱られて家を飛びだしたと途切れ途切れに答えた。あぶないからこっちにおいで、といったとき、三十代に見える男女が走ってきた。

ふたりは少年の両親で、心配して捜しにきたという。

「ママはもう怒ってないから。早くこっちにおいで」

母親がそういうと少年はゆっくり腰をあげ、桟橋に置いていた松葉杖を手にとった。そのときになって、少年の片足に白いギプスが巻かれているのに気づいた。

「おまえ、どうやってそこに入ったんだ」

と父親がいった。桟橋の入口に眼をやると、放射状の棘《とげ》がついた扉でふさがれており、扉には南京錠がかかっている。

「ふつうに入れた」

少年はそういってから扉を見て、あれ？　と首をかしげた。扉は開かなかったが、通りかかった中年の男性と四人がかりで、少年を桟橋から運びだしたという。

糸柳はその桟橋にいって入口の扉を見た。

「めっちゃがんばれば乗り越えられそうやけど、松葉杖やからなあ」

少年がどうやって桟橋に入ったのか見当がつかなかった。

黒塚

糸柳は公園をでてから近所を散策した。

車の往来が多い通りを歩いていくと「黒塚大黒天」と看板がでていた。黒塚といえば福島県にある鬼婆の墓が有名だが、ここにもそうした伝承があるらしい。

興味を持って鳥居のある石段をのぼってみたが、扉が閉まっており、看板にあった電話番号にかけてもつながらなかった。あきらめて石段をおりると中年の女性が歩いていたので、黒塚について訊いた。

彼女によれば、ここは鳥居があるが神社ではなく寺で、大変な御利益があるという。どんなご利益かと訊いたら、彼女の祖父が結婚したてのころ、悪い女にひっかかって家に帰ってこなくなった。その女はことあるごとに嘘をいいふらして、祖父の妻を貶《おとし》めていたが、妻は文句ひとついわなかった。

「このお寺にお参りして、夫が帰ってきますようにって願掛けしたの」

一方で悪い女のほうも寺に参拝して、祖父の妻やその一族に災いが起きるよう祈っていたらしい。しかし住職にそれを見抜かれ、

「うちではそんな願いは受けつけておりません、って追いかえされたって」

やがて祖父は家にもどり、妻と仲むつまじくすごしたという。

「やっぱり黒塚の御利益ですかね」

「そうよ。浮気相手の女が突然倒れて死んだんだって」

彼女はそういって、あははは、と笑った。

あとがき

コロナ禍のような未曾有《みぞう》の恐怖の前では怪談実話の怖さなど、まことにもってささやかだ、といったことを前巻で書いた。いまはコロナ禍に加えて戦争の恐怖が迫っているわけで、現実のほうがはるかに恐ろしい。

が、現実とはいったいなんなのか。広辞苑をひくと「現に事実としてあること。また、そのもの、その状態。空想に対する実在。実際」。大辞林では「今、現に事実として存在している事柄・状態」とある。

言葉の意味としての現実は「現に事実としてあること」だが、もうすこし掘りさげていえば、現実とは知覚によってもたらされる認識である。

たとえば「見る」という行為は、物事のほんとうの姿をとらえてはいない。光源から物質に反射した光が水晶体で屈折し網膜で焦点を結び、電気信号に変換されて脳内で像として認識される。

つまり、われわれが眼にする現実は幾重にもフィルタリングされたあやふやなもので、物事の真の姿は見ることができない。そこにあるのは知覚による認識だけだ。しかも認識には感情や記憶というバイアスがかかる。他者と体験や情報を共有したと思うのも認識の域をでず、すべては意識のなかにある。

怪談実話の素材となる超自然的な現象——すなわち怪異は客観性と再現性がないせいで科学からそっぽをむかれているが、意識にもそれはない。他者の意識はもちろん自分の意識であっても観察や再現は不可能だ。そもそも意識は質量があるのか物質なのかすらわからない。だからといって意識の存在を否定する者はいない。

デカルトがあらゆる存在を疑った末にたどり着いた「われ思う。ゆえにわれあり」という真理が示すとおり、この世で唯一確かな存在は自分の意識である。そして誰もが意識の外側にはでられない。この不可解かつ絶対的な存在である意識こそ、科学の立場からすると、つかみどころのない怪異ではあるまいか。

本書に収録された各話は実話に基づくが、体験者のプライバシーや実際の事件との関係を考慮して、人物の設定やその背景に若干の変更を加えてある。また実名を記しても近隣への影響がないと判断した場所以外はイニシャル表記とした。

取材にご協力いただいた多くの皆様をはじめ、講談社文庫出版部の小林龍之さん、髙橋典彦さんに心より厚く御礼を申しあげる。

本書は書下ろしです。

|著者| 福澤徹三　小説家。『黒い百物語』『忌談』『怖の日常』など怪談実話から『真夜中の金魚』『死に金』などアウトロー小説、『灰色の犬』『群青の魚』などの警察小説まで幅広く執筆。2008年『すじぼり』で第10回大藪春彦賞を受賞。『東京難民』は映画化、『白日の鴉《からす》』はドラマ化、『俠飯《おとこめし》』『Ｉターン』はドラマ化・コミカライズされた。他の著書に『作家ごはん』『羊の国の「イリヤ」』などがある。

|著者| 糸柳寿昭　実話怪談師。全国各地で蒐集した実話怪談を書籍の刊行やトークイベントで発表する団体「怪談社」を主宰。単著として『怪談聖 あやしかいわ』があり、怪談社の著作に『恐國百物語』『怪談社RECORD　黄之章』『怪談師の証　呪印』など多数。狩野英孝《かのえいこう》が司会を務めるCS番組「怪談のシーハナ聞かせてよ。」に、本作に登場する怪談社・上間月貴《かみまつきたか》とレギュラー出演中。本書は福澤徹三と共著の『忌み地』『忌み地 弐』続編となる。

忌《い》み地《ち》 惨《さん》　怪談社奇聞録《かいだんしゃきぶんろく》

福澤徹三《ふくざわてつぞう》｜糸柳寿昭《しやなとしあき》

講談社文庫

定価はカバーに
表示してあります

2022年７月15日第１刷発行

KODANSHA

発行者――鈴木章一
発行所――株式会社　講談社
東京都文京区音羽2-12-21　〒112-8001
電話 出版（03）5395-3510
販売（03）5395-5817
業務（03）5395-3615

Printed in Japan

デザイン―菊地信義
本文データ制作―講談社デジタル製作
印刷―――株式会社KPSプロダクツ
製本―――株式会社国宝社

ISBN978-4-06-528594-7

講談社文庫刊行の辞

二十一世紀の到来を目睫に望みながら、われわれはいま、人類史上かつて例を見ない巨大な転換期をむかえようとしている。

世界も、日本も、激動の予兆に対する期待とおののきを内に蔵して、未知の時代に歩み入ろうとしている。このときにあたり、創業の人野間清治の「ナショナル・エデュケイター」への志を現代に甦らせようと意図して、われわれはここに古今の文芸作品はいうまでもなく、ひろく人文・社会・自然の諸科学から東西の名著を網羅する、新しい綜合文庫の発刊を決意した。

激動の転換期はまた断絶の時代である。われわれは戦後二十五年間の出版文化のありかたへの深い反省をこめて、この断絶の時代にあえて人間的な持続を求めようとする。いたずらに浮薄な商業主義のあだ花を追い求めることなく、長期にわたって良書に生命をあたえようとつとめるところにしか、今後の出版文化の真の繁栄はあり得ないと信じるからである。

同時にわれわれはこの綜合文庫の刊行を通じて、人文・社会・自然の諸科学が、結局人間の学にほかならないことを立証しようと願っている。かつて知識とは、「汝自身を知る」ことにつきていた。現代社会の瑣末な情報の氾濫のなかから、力強い知識の源泉を掘り起し、技術文明のただなかに、生きた人間の姿を復活させること。それこそわれわれの切なる希求である。

われわれは権威に盲従せず、俗流に媚びることなく、渾然一体となって日本の「草の根」をかたちづくる若く新しい世代の人々に、心をこめてこの新しい綜合文庫をおくり届けたい。それは知識の泉であるとともに感受性のふるさとであり、もっとも有機的に組織され、社会に開かれた万人のための大学をめざしている。大方の支援と協力を衷心より切望してやまない。

一九七一年七月

野間省一

講談社文庫 最新刊

水木しげる
総員玉砕せよ!
〈新装完全版〉
太平洋戦争従軍の著者が実体験を元に描いた戦記漫画。没後発見の構想ノートの一部を収録。

藤井邦夫
野暮天
〈大江戸閻魔帳(七)〉
腕は立っても色恋は苦手な麟太郎が、男女の事件に首を突っ込んだが!? 〈文庫書下ろし〉

伊兼源太郎
金庫番の娘
商社を辞めて政治の世界に飛び込んだ花織《かおり》が永田町で大奮闘! 傑作「政治×お仕事」エンタメ!

ごとうしのぶ
いばらの冠
〈ブラス・セッション・ラヴァーズ〉
シリーズ累計500万部突破! 《タクミくんシリーズ》につながる祠堂《しどう》吹奏楽LOVE。

矢野 隆
川中島の戦い
〈戦《いくさ》百景〉
武田信玄と上杉謙信の有名な戦いの流れがリアルタイムでわかり、真の勝者が明かされる!

福澤徹三
糸《し》柳《やな》寿《とし》昭《あき》
忌《い》み地 惨
〈怪談社奇聞録〉
実話ほど恐ろしいものはない。誰しもの日常とともにある実録怪談集。〈文庫書下ろし〉

手塚マキと歌舞伎町ホスト80人from Smappa! Group
俵万智・野口あや子・小佐野彈・編
ホスト万葉集
〈文庫スペシャル〉
いま届けたい。俺たちの五・七・五・七・七! 「歌舞伎町の光源氏」が紡ぐ感動の短歌集。

乗《のり》代《しろ》雄《ゆう》介《すけ》
本物の読書家
大叔父には川端康成からの手紙を持っているという噂があった——。乗代雄介の挑戦作。

マイクル・コナリー
古沢嘉通 訳
潔白の法則 (上)(下)
〈リンカーン弁護士〉
ネットフリックス・シリーズ「リンカーン弁護士」原案。ミッキー・ハラーに殺人容疑が。

講談社タイガ
井《い》坂《さか》暁《あきら》
世界の愛し方を教えて
媚《こ》びて愛されなきゃ生きていけないこの世界が、大嫌いだ。世界を好きになるボーイミーツガール。

講談社文芸文庫

伊藤比呂美
とげ抜き　新巣鴨地蔵縁起
解説＝栩木伸明　年譜＝著者
この苦が、あの苦が、すべて抜けていきますように。詩であり語り物であり、すべての苦労する女たちへの道しるべでもある。【萩原朔太郎賞・紫式部賞W受賞作】
978-4-06-528294-6
いAC1

藤澤清造　西村賢太 編
根津権現前より　藤澤清造随筆集
解説＝六角精児　年譜＝西村賢太
「歿後弟子」は、師の人生をなぞるかのようなその死の直前まで諸雑誌にあたり、編集・配列に意を用いていた。時空を超えた「魂の感応」の産物こそが本書である。
978-4-06-528090-4
ふN2

講談社文庫　目録

講談社文庫　目録

松岡圭祐　瑕疵《かし》借り
松原　始　カラスの教科書
益田ミリ　五年前の忘れ物
益田ミリ　お茶の時間
マキタスポーツ　一億総ツッコミ時代〈決定版〉
丸山ゴンザレス　ダークツーリスト〈世界の混沌《カオス》を歩く〉
松田賢弥　したたか　総理大臣・菅義偉の野望と人生
真下みこと　#柚莉愛《ゆりあ》とかくれんぼ
松野大介　インフォデミック〈コロナ情報氾濫〉
三島由紀夫　TBSヴィンテージクラシックス編　告白　三島由紀夫未公開インタビュー
三浦綾子　ひつじが丘
三浦綾子　岩に立つ
三浦綾子　あのポプラの上が空〈新装版〉
三浦明博　滅びのモノクローム
三浦明博　五郎丸の生涯
宮尾登美子　新装版　天璋院篤姫(上)(下)
宮尾登美子　新装版　一絃の琴
宮尾登美子　東福門院和子《まさこ》の涙(上)(下)〈レジェンド歴史時代小説〉
皆川博子　クロコダイル路地

宮本　輝　骸骨ビルの庭(上)(下)
宮本　輝　新装版　二十歳《はたち》の火影《ほかげ》
宮本　輝　新装版　命の器
宮本　輝　新装版　避暑地の猫
宮本　輝　新装版　ここに地終わり 海始まる(上)(下)
宮本　輝　新装版　花の降る午後(上)(下)
宮本　輝　新装版　オレンジの壺(上)(下)
宮本　輝　にぎやかな天地(上)(下)
宮本　輝　新装版　朝の歓び(上)(下)
宮城谷昌光　夏姫春秋(上)(下)
宮城谷昌光　花の歳月
宮城谷昌光　重《ちょう》耳《じ》(全三冊)
宮城谷昌光　介《かい》子《し》推《すい》
宮城谷昌光　孟嘗君　全五冊
宮城谷昌光　子産(上)(下)
宮城谷昌光　湖底の城一〈呉越春秋〉
宮城谷昌光　湖底の城二〈呉越春秋〉
宮城谷昌光　湖底の城三〈呉越春秋〉
宮城谷昌光　湖底の城四〈呉越春秋〉

宮城谷昌光　湖底の城五〈呉越春秋〉
宮城谷昌光　湖底の城六〈呉越春秋〉
宮城谷昌光　湖底の城七〈呉越春秋〉
宮城谷昌光　湖底の城八〈呉越春秋〉
宮城谷昌光　湖底の城九
宮城谷昌光　俠骨記〈新装版〉
水木しげる　コミック昭和史1〈関東大震災～満州事変〉
水木しげる　コミック昭和史2〈満州事変～日中全面戦争〉
水木しげる　コミック昭和史3〈日中全面戦争～太平洋戦争開始〉
水木しげる　コミック昭和史4〈太平洋戦争前半〉
水木しげる　コミック昭和史5〈太平洋戦争後半〉
水木しげる　コミック昭和史6〈終戦から朝鮮戦争〉
水木しげる　コミック昭和史7〈講和から復興〉
水木しげる　コミック昭和史8〈高度成長以降〉
水木しげる　総員玉砕せよ！
水木しげる　敗走記
水木しげる　白い旗
水木しげる　姑《クー》娘《ニャン》
水木しげる　決定版　日本妖怪大全〈妖怪・あの世・神様〉

講談社文庫　目録

講談社文庫　目録

村上春樹　ノルウェイの森(上)(下)
村上春樹　ダンス・ダンス・ダンス(上)(下)
村上春樹　遠い太鼓
村上春樹　国境の南、太陽の西
村上春樹　やがて哀しき外国語
村上春樹　アンダーグラウンド
村上春樹　スプートニクの恋人
村上春樹　アフターダーク
村上春樹 / 佐々木マキ絵　羊男のクリスマス
村上春樹 / 佐々木マキ絵　ふしぎな図書館
村上春樹 / 糸井重里　夢で会いましょう
村上春樹・文 / 安西水丸・絵　ふわふわ
U・K・ル＝グウィン / 村上春樹訳　空飛び猫
U・K・ル＝グウィン / 村上春樹訳　帰ってきた空飛び猫
U・K・ル＝グウィン / 村上春樹訳　素晴らしいアレキサンダーと、空飛び猫たち
U・K・ル＝グウィン / 村上春樹訳　空を駆けるジェーン
T・ファリッシュ著 / B・ルート絵 / 村上春樹訳　ポテト・スープが大好きな猫
村山由佳　天翔る
睦月影郎　密通妻

睦月影郎　快楽アクアリウム
向井万起男　渡る世間は「数字」だらけ
村田沙耶香　授乳
村田沙耶香　マウス
村田沙耶香　星が吸う水
村田沙耶香　殺人出産
村瀬秀信　気がつけばチェーン店ばかりでメシを食べている
村瀬秀信　それでも気がつけばチェーン店ばかりでメシを食べている
虫眼鏡　東海オンエアの動画が6.4倍楽しくなる本〈虫眼鏡の概要欄　クロニクル〉
森村誠一　悪道
森村誠一　悪道　西国謀反
森村誠一　悪道　御三家の刺客
森村誠一　悪道　五右衛門の復讐
森村誠一　悪道　最後の密命
森村誠一　ねこの証明
毛利恒之　月光の夏
森博嗣　すべてがFになる〈THE PERFECT INSIDER〉
森博嗣　冷たい密室と博士たち〈DOCTORS IN ISOLATED ROOM〉
森博嗣　笑わない数学者〈MATHEMATICAL GOODBYE〉

森博嗣　詩的私的ジャック〈JACK THE POETICAL PRIVATE〉
森博嗣　封印再度〈WHO INSIDE〉
森博嗣　幻惑の死と使途〈ILLUSION ACTS LIKE MAGIC〉
森博嗣　夏のレプリカ〈REPLACEABLE SUMMER〉
森博嗣　今はもうない〈SWITCH BACK〉
森博嗣　数奇にして模型〈NUMERICAL MODELS〉
森博嗣　有限と微小のパン〈THE PERFECT OUTSIDER〉
森博嗣　黒猫の三角〈Delta in the Darkness〉
森博嗣　人形式モナリザ〈Shape of Things Human〉
森博嗣　月は幽咽のデバイス〈The Sound Walks When the Moon Talks〉
森博嗣　夢・出逢い・魔性〈You May Die in My Show〉
森博嗣　魔剣天翔〈Cockpit on knife Edge〉
森博嗣　恋恋蓮歩の演習〈A Sea of Deceits〉
森博嗣　六人の超音波科学者〈Six Supersonic Scientists〉
森博嗣　捩れ屋敷の利鈍〈The Riddle in Torsional Nest〉
森博嗣　朽ちる散る落ちる〈Rot off and Drop away〉
森博嗣　赤緑黒白〈Red Green Black and White〉
森博嗣　四季　春〜冬
森博嗣　φ《ファイ》は壊れたね〈PATH CONNECTED φ BROKE〉

森 博嗣　θ《シータ》は遊んでくれたよ〈ANOTHER PLAYMATE θ〉
森 博嗣　τ《タウ》になるまで待って〈PLEASE STAY UNTIL τ〉
森 博嗣　ε《イプシロン》に誓って〈SWEARING ON SOLEMN ε〉
森 博嗣　λ《ラムダ》に歯がない〈λ HAS NO TEETH〉
森 博嗣　η《イータ》なのに夢のよう〈DREAMILY IN SPITE OF η〉
森 博嗣　目薬 α《アルファ》で殺菌します〈DISINFECTANT α FOR THE EYES〉
森 博嗣　ジグβ《ベータ》は神ですか〈JIG β KNOWS HEAVEN〉
森 博嗣　キウイγ《ガンマ》は時計仕掛け〈KIWI γ IN CLOCKWORK〉
森 博嗣　χ《カイ》の悲劇〈THE TRAGEDY OF χ〉
森 博嗣　ψ《プサイ》の悲劇〈THE TRAGEDY OF ψ〉
森 博嗣　イナイ×イナイ〈PEEKABOO〉
森 博嗣　キラレ×キラレ〈CUTTHROAT〉
森 博嗣　タカイ×タカイ〈CRUCIFIXION〉
森 博嗣　ムカシ×ムカシ〈REMINISCENCE〉
森 博嗣　サイタ×サイタ〈EXPLOSIVE〉
森 博嗣　ダマシ×ダマシ〈SWINDLER〉
森 博嗣　女王の百年密室〈GOD SAVE THE QUEEN〉
森 博嗣　迷宮百年の睡魔〈LABYRINTH IN ARM OF MORPHEUS〉
森 博嗣　赤目姫の潮解〈LADY SCARLET EYES AND HER DELIQUESCENCE〉

森 博嗣　まどろみ消去〈MISSING UNDER THE MISTLETOE〉
森 博嗣　地球儀のスライス〈A SLICE OF TERRESTRIAL GLOBE〉
森 博嗣　レタス・フライ〈Lettuce Fry〉
森 博嗣　僕は秋子に借りがある I'm in Debt to Akiko〈森博嗣自選短編集〉
森 博嗣　どちらかが魔女 Which is the Witch?〈森博嗣シリーズ短編集〉
森 博嗣　喜嶋先生の静かな世界〈The Silent World of Dr.Kishima〉
森 博嗣　そして二人だけになった〈Until Death Do Us Part〉
森 博嗣　つぶやきのクリーム〈The cream of the notes〉
森 博嗣　ツンドラモンスーン〈The cream of the notes 4〉
森 博嗣　つぼみ茸《きのこ》ムース〈The cream of the notes 5〉
森 博嗣　つぶさにミルフィーユ〈The cream of the notes 6〉
森 博嗣　月夜のサラサーテ〈The cream of the notes 7〉
森 博嗣　つんつんブラザーズ〈The cream of the notes 8〉
森 博嗣　ツベルクリンムーチョ〈The cream of the notes 9〉
森 博嗣　追懐のコヨーテ〈The cream of the notes 10〉
森 博嗣　カクレカラクリ〈An Automaton in Long Sleep〉
森 博嗣　DOG&DOLL
森 博嗣　森には森の風が吹く〈My wind blows in my forest〉
森 博嗣　アンチ整理術〈Anti-Organizing Life〉

諸田玲子　森家の討ち入り
森 達也　すべての戦争は自衛から始まる
本谷有希子　腑抜けども、悲しみの愛を見せろ
本谷有希子　江利子と絶対〈本谷有希子文学大全集〉
本谷有希子　あの子の考えることは変
本谷有希子　嵐のピクニック
本谷有希子　自分を好きになる方法
本谷有希子　異類婚姻譚
本谷有希子　静かに、ねぇ、静かに
茂木健一郎　「赤毛のアン」に学ぶ幸福《しあわせ》になる方法
森林原人　セックス幸福論〈偏差値78のAV男優が考える〉
桃戸ハル編・著　5分後に意外な結末〈ベスト・セレクション〉
桃戸ハル編・著　5分後に意外な結末〈ベスト・セレクション 黒の巻・白の巻〉
桃戸ハル編・著　5分後に意外な結末〈ベスト・セレクション 心震える赤の巻〉
森 功　高倉健〈隠し続けた七つの顔と「謎の養女」〉
望月麻衣　京都船岡山アストロロジー
山田風太郎　甲賀忍法帖〈山田風太郎忍法帖①〉
山田風太郎　伊賀忍法帖〈山田風太郎忍法帖③〉
山田風太郎　忍法八犬伝〈山田風太郎忍法帖④〉

山本周五郎　繁《しげ》　あ　ね〈美しい女たちの物語〉
山本周五郎　雨　あ　が　る〈映画化作品集〉
柳田理科雄　スター・ウォーズ　空想科学読本
柳田理科雄　MARVEL　マーベル空想科学読本
靖子靖史　空《くう》色《しき》カンバス〈瑠《ずい》空《くう》寺《じ》凸凹《でこぼこ》縁起《えんぎ》〉
安本由佳・山本理沙　不機嫌な婚活
山中伸弥・平尾誠二・惠子　友　情〈平尾誠二と山中伸弥「最後の約束」〉
山手樹一郎　夢介千両みやげ(上)(下)〈完全版〉
夢枕　獏　大江戸釣客伝(上)(下)
唯川　恵　雨　心　中
行成　薫　ヒーローの選択
行成　薫　バイバイ・バディ
行成　薫　ス　パ　イ　の　妻
柚月裕子　合理的にあり得ない〈上水流《かみづる》涼子《りょうこ》の解明〉
吉村　昭　私の好きな悪い癖
吉村　昭　吉村昭の平家物語
吉村　昭　暁　の　旅　人
吉村　昭　新装版　白い航跡(上)(下)
吉村　昭　新装版　海も暮れきる
吉村　昭　新装版　間宮林蔵
吉村　昭　新装版　赤　い　人
吉村　昭　新装版　落日の宴(上)(下)
吉村　昭　白　い　遠　景
横尾忠則　言葉を離れる
与那原　恵　わたぶんぶん〈わたしの「料理沖縄物語」〉
米原万里　ロシアは今日も荒れ模様
横山秀夫　半　落　ち
横山秀夫　出口のない海
吉田修一　日曜日たち
吉本隆明　真　贋
吉本隆明　フランシス子へ
横関　大　再　会
横関　大　グッバイ・ヒーロー
横関　大　チェインギャングは忘れない
横関　大　沈黙のエール
横関　大　ルパンの娘
横関　大　ルパンの帰還
横関　大　ホームズの娘
横関　大　ルパンの星
横関　大　スマイルメイカー
横関　大　K　2〈池袋署刑事課　神崎・黒木〉
横関　大　炎上チャンピオン
横関　大　ピエロがいる街
横関　大　仮面の君に告ぐ
横関　大　関　ヶ　原
吉川永青　裏
吉川永青　化　け　札
吉川永青　治　部　の　礎《いしずえ》
吉川永青　老　侍
吉川永青　雷　雲　の　龍〈会津に吼える〉
吉村龍一　光　る　牙
吉川トリコ　ぶらりぶらこの恋
吉川トリコ　ミドリのミ
吉川英梨　波　動〈新東京水上警察〉
吉川英梨　烈　渦〈新東京水上警察〉
吉川英梨　朽《く》海《かい》の城〈新東京水上警察〉
吉川英梨　海底の道化師〈新東京水上警察〉
吉川英梨　月《げっ》下《か》蠟《ろう》人《じん》〈新東京水上警察〉

吉川英梨　海《かい》〈海を護るミューズ〉蝶《ちょう》
隆　慶一郎　花と火の帝 (上)(下)
隆　慶一郎　時代小説の愉しみ
リレーミステリー　宮辻薬東宮
令丈《れいじょう》ヒロ子　原作・文　吉田玲子　脚本　小説　若おかみは小学生！〈劇場版〉
渡辺淳一　失楽園 (上)(下)
渡辺淳一　男と女
渡辺淳一　泪《なみだ》壺《つぼ》
渡辺淳一　秘すれば花
渡辺淳一　化粧 (上)(下)
渡辺淳一　あじさい日記 (上)(下)
渡辺淳一　熟年革命
渡辺淳一　幸せ上手
渡辺淳一　新装版 雲の階段 (上)(下)
渡辺淳一　麻酔〈渡辺淳一セレクション〉
渡辺淳一　阿寒に果つ〈渡辺淳一セレクション〉
渡辺淳一　何処《いずこ》へ〈渡辺淳一セレクション〉
渡辺淳一　光と影〈渡辺淳一セレクション〉
渡辺淳一　花《はな》埋《うず》み〈渡辺淳一セレクション〉
渡辺淳一　氷紋〈渡辺淳一セレクション〉
渡辺淳一　長崎ロシア遊女館〈渡辺淳一セレクション〉
渡辺淳一　遠き落日 (上)(下)〈渡辺淳一セレクション〉
輪渡《わたり》颯介　古道具屋 皆塵堂
輪渡颯介　猫除け 古道具屋 皆塵堂
輪渡颯介　蔵盗み 古道具屋 皆塵堂
輪渡颯介　迎え猫 古道具屋 皆塵堂
輪渡颯介　祟《たた》り婿《むこ》 古道具屋 皆塵堂
輪渡颯介　影憑《つ》き 古道具屋 皆塵堂
輪渡颯介　夢の猫 古道具屋 皆塵堂
輪渡颯介　呪い禍 古道具屋 皆塵堂
輪渡颯介　髪追い 古道具屋 皆塵堂
輪渡颯介　溝猫《どぶねこ》長屋 祠之怪《ほこらのかい》
輪渡颯介　優しき悪霊〈溝猫長屋 祠之怪〉
輪渡颯介　欺きの童《わらし》霊《れい》〈溝猫長屋 祠之怪〉
輪渡颯介　物の怪斬り〈溝猫長屋 祠之怪〉
輪渡颯介　別れの霊祠〈溝猫長屋 祠之怪〉
綿矢りさ　ウォーク・イン・クローゼット
和久井清水　水際のメメント〈きたまち建築事務所のリフォームカルテ〉

若菜晃子　東京甘味食堂

講談社文庫　目録

古典

2022年6月15日現在